田中智志〔編著〕

グローバルな学びへ

——協同と刷新の教育

東信堂

TOWARD GLOBAL LEARNING

Education for Collaboration and Innovation

はじめに

本書のねらいは、これからますます広がる「グローバル社会」を生きるうえで必要な学び、教育を論じることです。

現在のように、商品・情報・人材が既存の国境を越えて流通する状態が拡大しつづける社会は、「グローバル社会」と呼ばれています。

たとえば、ふだんはもちろん、年末年始においても、国際郵便をはこぶフェデックスのトラックに何度も出会います。温暖化問題がとりざたされるなか、薪ストーブが注目を集めていますが、それらはしばしばアメリカ、カナダ、ヨーロッパ、そして中国から輸入されています。

グローバル化は、国家間のへだたり、地理的なへだたりを超えたコミュニケーションによって、私たちに大きな利潤・便益をもたらしますが、同時に過剰な競争と選別を生みだすことで、他者とともによりよく生きるという、人間存在の精神的な土台をゆるがします。

グローバル社会では、個人の有用性がたえず問われるからです。私たちは、さまざまな物さしで自分たちを序列化しています。所得の順、学歴の順、成績の順、年齢の順、容姿の順、などです。しかし、グローバル社会においては、これらのどの物さしよりも、商品・情報・人材の国際流通に参画する能力という物さしが重視されます。グローバル社会では、日本国内だけで役に立つ能力ではなく、世界で役に立つ能力が大切なのです。

これは、グローバル化が、一八世紀から広まりはじめた市場を本態としているからです。市場は、より役に立つものをめざして行われる交換を核としたコミュニケーションだからです。したがって、グローバル化は、人間関係を凝集させるよりも散開させ、生活の仕方を文脈化するよりも脱文脈化し、生き方を集団化するよりも個人化します。

こうしたグローバル化が著しい社会における教育は、より大きな利潤・便益を求めるグローバル化順応タイプのものと、喪われようとしている精神的土台をおぎなうグローバル化応答タイプの、二つに分けられます。

一般に、教育の世界標準化、国際的な学力形成など、前者の教育プランが強調されがちですが、人間をもっとも深いところでささえる「協同」(Colaboration)と「刷新」(Innovation)につながる教育プランも、また強調されるべきです。

本書では、グローバル化の光と陰、肯定的な側面と否定的な側面、その両方に眼をくばりながら、現代の日本の教育のあり方を考えてみました。

なお、本書は、山梨学院大学附属小学校の学習カリキュラムセンターを中心に、二〇〇七年から二〇〇八年にかけて行われた研究「グローバル化社会における初等教育プログラム開発」の成果をまとめたものです。

この研究は、二〇〇七年に学校法人山梨学院が創立六〇周年を迎えることを記念して企画されました。本書の刊行が、同学院のさらなる飛躍の一助となることを願うとともに、本書への支援に深甚の謝意を表します。

編者　田中智志

目次

グローバルな学びへ
——協同と刷新の教育——

序　章

グローバルな学びへ

―― 協同と刷新をめざす ――

田中智志

〈概要〉

グローバル化は、国家間のへだたり、地理的なへだたりを超えたコミュニケーションによって、私たちに大きな利潤・便益をもたらすが、同時に過剰な競争と選別を生みだすことで、人間存在の精神的土台をゆるがす。これは、グローバル化が、18 世紀から広まりはじめた市場を本態としているからである。市場は、交換を核としたコミュニケーションであり、人間関係を凝集させるよりも散開させ、生活の仕方を文脈化するよりも脱文脈化し、生き方を集団化するよりも個人化するからである。こうしたグローバル化が著しい社会における教育は、より大きな利潤・便益を求めるグローバル化順応タイプのものと、喪われようとしている精神的土台をおぎなうグローバル化応答タイプの、二つに分けられる。一般に、教育の世界標準化、国際的な学力形成など、前者の教育プランが強調されがちであるが、人間をもっとも深いところでささえる協同と刷新につながる応答タイプの教育プランもまた強調されるべきである。

1　グローバル化と教育

ディズニーの映画

ディズニーの映画は、アメリカだけでなく、日本でも、ヨーロッパでも、多くの人を愉しませている。たとえば、近年に公開された作品をあげるだけでも、『パイレーツ・オブ・カリビアン』(2003/2006/2007年)の三作、『ナショナル・トレジャー』(2004/2007年)の二作、『ナルニア国物語』(2005/2008年)の二作などのヒット作がある。『パイレーツ・オブ・カリビアン』についていえば、第一作は世界で六億五四〇〇万ドル(約六八〇億円)の、第二作は一〇億ドル(約一二〇〇億円)の興行収入をあげている。

こうしたディズニー映画を制作しているウォルト・ディズニー社は、映画だけでなく、テーマパーク、音楽、スポーツなど娯楽全体にわたる商品を世界に輸出している。たとえば、アメリカのカリフォルニア、日本の浦安にある「ディズニーランド」のような巨大なテーマパークは、世界各地、一一箇所にもうけられている。そして、アメリカ三大ネットワークの一つであるABCも、スポーツ専門のテレビ局のESPNも、音楽・番組制作会社のブエナ・ヴィスタも、ウォルト・ディズニー社の一部である。二〇〇六年のウォルト・ディズニー社全体の売上高は、三四二億八五〇〇万ドル(約四兆円)に達している（//ja.wikipedia.org.[The Walt Disney Company]）。

ニンテンドーのゲーム機

日本の商品も、世界的な規模で売れている。自動車についてはよく知られているが、近年の注目されているものは、「クールジャパン」（カッコイイ日本）と呼ばれる「アニメ」「マンガ」「ゲーム」などである。たとえば、「ニンテンドーＤＳ」は、二〇〇七年に、日本だけでなく、アメリカでももっともよく売れたゲーム機である。二〇〇七年のその販売台数は日本で約七一〇万台、アメリカで約八五〇万台である。アメリカについていえば、一台あたり一五〇ドルで売られているとすると、ＤＳの売上高は一三億ドル（約一五三〇億円）にのぼる。二〇〇七年のアメリカのゲーム機の売り上げは七〇億四千万ドル（約八四六〇億円）であるから、そのうちの一八%をＤＳが占めていることになる（//jp.ibtimes.com/article.二〇〇八年一月九、一八日）。

ゲームソフトについていえば、『ポケットモンスター』シリーズが、全世界で一億六四〇〇万本以上売れている。この数は、一九九六年に登場した第一作から二〇〇六年に発売されたニンテンドーＤＳ用のソフト『ポケットモンスター ダイヤモンド』と『ポケットモンスター パール』までの累計である。一本あたり三〇〇〇円で売られているとすると、売上高は四八〇〇億円であるが、関連する商品をふくめると、全体の売上高は、全世界で二五〇億ドル（二兆八〇〇〇億円）以上になるといわれている

(//ja.wikipedia.org. [pocket monster])。

グローバル化とは何か

ディズニーの映画、ニンテンドーのゲーム機などは、よく知られているOSのウィンドウズとならんで、「グローバル化」(「グローバリゼーション」)を象徴する商品といえるだろう。グローバル化とは、多国籍企業商品の世界的な規模の流通、海外商品のオンライン・トレード、インターネットの情報網(WWW〔ワールド・ワイド・ウェッブ〕)の拡大、有能な人材の国外流出などの、国境を越えて商品・人材が流通し、また情報・知識もこれまで以上に多くの人びとによって活用されていくことである。日本社会は、バブル経済崩壊後の一九九〇年代後半あたりから、グローバル化を経験しはじめた。

こうしたグローバル化を先導しているものは、より速やかに・より大きな利潤・便益を手に入れたいという私たちの欲望である。より早く・より安く・よりよい商品・人材・情報・知識を得たいと思っているからこそ、私たちは、ローカルな現場、地域社会、国家を越えていくのである。そしてその結果、これまで大きな地理的な空間にへだてられて、接点をもてなかった場所と場所、人と人が結びついてゆく。そのいみでは、グローバル化は、経済活動、学術活動、文化活動の自由度が大きく拡大していくことである。

こうしたグローバル化の基本形態は、市場交換である。本来、市場は、より速やかに・より大きな利潤・便益を求めて行われる貿易・交易の営みであり、無限に散らばり・広がるもの（散開するもの）だからである。たとえば、ディズニー映画やウィンドウズのように、「便利だ」「おもしろい」と思われれば、それだけで、アメリカのみならず、ヨーロッパでも、日本でも、中国でも、アフリカでも、買い求められる。そのいみで、「脱領土化」（場所が人間の生活・思考を限定する力を失うこと［Tomlinson 1999=2000］）は、グローバル化がもたらす最大の効果といえるだろう。

国家・距離とグローバル化

それにしても、なぜ一九九〇年代にグローバル化が広まるようになったのだろうか。さまざまな要因が考えられるが、すくなくとも一九八〇年代にいたるまでは、国家と距離が市場を核とするグローバル化を牽制していたといえるだろう。しかし、国家は、一九八〇年以来の中国の改革開放、一九八九年以降の東欧諸国の民主化、一九九一年のソビエト連邦の崩壊、一九九三年のＥＵ（European Union 欧州連合）の成立などをきっかけに、市場を牽制する力を失いはじめ、「市場開放」をかかげる「ネオリベラリズム」（新自由主義）の広がりとともに、グローバル化の一翼をにないはじめた。距離も、電子メディア、輸送システムの普及・廉価によって、グローバル化を妨げる障壁とならなくなった。オンラインで瞬時に決済が完了し、たいした輸送費もかからずに、アメリカやヨーロッパから一週間後に、急ぐなら二日後に、商品が届くようになったからである。

こうしたグローバル化のなかでは、「ネオリベラリズム」という考え方に端的に見られるように、「競争」と「選別」が重視される。私たちが、より速く・より安く・よりよい商品・人材・情報が求めるからである。一九九〇年代から、日本だけでなく先進諸国で子どもたちの「学力」が問われはじめ、「リストラ」という名の業績評価が広がりはじめ、さらに「派遣社員」のような非正規雇用者が激増していったことは、その象徴である。そして「ワーキングプア」（働いているのに貧しい人びと）が増大し、「経済格差」が増大することは、その帰結である。

したがって、現在のグローバル化によって、私たちはただ便利に豊かになるだけではない。私たちは、厳しい競争と選別にさらされ、「弱者」だけでなく「強者」もたえず大きな心理的ストレスにさらされるのである。この事実をふまえて、まず、グローバル化が教育システムにどのような効果を及ぼしているのか、目立つところを確認したい。次に、グローバル化が日本の社会にもたらす見えにくい、そして負の効果を確認したい。そのあとで、グローバル化にたんに順応する教育プログラムでなく、その問題に真摯に対応する教育プログラムを提案してみたい。

2　教育のグローバル化

シティズンシップ教育

教育におけるグローバル化としてまず指摘できることは、教育内容のグローバル化である。グローバル化以前においては、学校・大学は、各国の国内的な体制・文化にそくした教育内容・学習評価を提供していればよかった。そのいみで、各国の公教育は、基本的に国内で生活し国内で活躍する「公民」を形成する「公民教育」(civic education / national education)を第一の仕事としてきた。しかし、グローバル社会においては、学校・大学は、異文化間の協同を視野に入れた教育内容を提供しなければならない。

そうしたグローバルな教育の一つが、近年注目を集めている「シティズンシップ教育」(市民性教育 citizenship education)である(UNESCO 2005; 山名ほか 2005; 嶺井ほか 2007)。シティズンシップ教育は、さまざまに定義されているが、さしあたり、権力による支配ではなく、討議による民主主義を重視するとともに、現状を追認する事なかれ主義ではなく、正義を指向する批判的思考を重視することによって、環境に配慮し、人権を擁護し、自律的かつ協同的に活動する人間を形成する教育である、といえるだろう。

このようなシティズンシップ教育においては、既存の文化を超える「協同の文化」が求められている。協同の文化の一つが英語である。英語は、アングロ文化圏の言語という由来を超えて、日本と中国と韓国のような、二つ以上の異なる文化をつなぐメディアの役割を実質的にになかいはじめている。また、既存文化の差異を相互に受容しあうという姿勢も協同の文化である。たとえば、フランスのように食器を洗わない文化と日本のように丁寧に洗う文化、西欧のように牛肉を食べる文化とインドのようにいっさい食べない文化など、文化の決定的なちがいを認めあわなければ、異文化間での協同など不可能だからである。

私立の中学・高校において、一九九〇年代から少しずつ増えている「国際学級」は、こうした協同指向のシティズンシップ教育にふさわしい場所であるといえるだろう。海外から帰国し日本の学校教育に不慣れな子どもたちを受け入れてきた国際学級は、帰国子女の実践的な語学力を生かす場であるだけではなく、日本と他国との生活習慣、言葉のちがいに架橋し、既存の民族文化の枠を超えて、世界市民として助けあい・支えあう協同の文化を醸成するうえで、格好の場所となりうるだろう。

国際バカロレア資格

教育のグローバル化を示すもう一つの事例は、教育資格(レベル)の「世界標準化」(global

standardization）の流れである（Meyer and Ramirez 2000）。それぞれの国で教育資格のレベルがばらばらでは、海外の教育機関に入学することは難しいし、卒業後に外国企業に就職することも難しい。現在のところ、世界の大学卒業レベル、大学院修了レベルを統一するような世界規準はまだ確立されていないが、UNESCO（ユネスコ）、OECD（経済協力開発機構）においてそれらについての国際的なガイドラインづくりがすすめられている。

大学入学資格については、すでに世界標準化が実質的に進んでいるといえるだろう。日本で大学入試といえば、「大学入試センター試験」であるが、現在、アメリカ、ヨーロッパで大学入試といえば、「国際バカロレア資格」（International Baccalaureate）の取得である。国際バカロレア資格は、スイスの財団法人である「国際バカロレア機構」（Organisation du Baccalaureate International）の定める「ディプロマ・プログラム」（Diploma Programme［DP］中等教育レベルのカリキュラム）を修了すると得られる資格である（なお、用いられる言語は、英語・フランス語・スペイン語のなかから選ぶことができる）。

この国際バカロレア資格があれば、アメリカ、ヨーロッパの多くの有名大学に無試験で入学できる。日本では、このディプロマ・プログラムはよく知られていないが、アメリカでは、公立ハイスクールのカリキュラムにこのプログラムがとりいれられているし、中国、韓国でも、この資格をとろうとする人が増えている（www.ibo.org）。

世界大学ランキング

教育のグローバル化を象徴するもう一つの傾向は、二〇〇四年あたりから、世界的な規模で有名大学のランクづけが行われるようになったことである。現在では、『タイムズ』(*The Times Higher Education Supplement*)、『ニューズウィーク』(*Newsweek International Edition*)などの国際的な総合誌が、毎年、「世界の大学ランキング」を発表している。これらのランキングは、教員の業績、授業の評価、施設の整備、環境の整備、外国人の比率、学生／教員の比率などについて、同一の規準で各国の大学をラングづけする試みである。

たとえば、二〇〇七年度の『タイム

〈表〉 2007年『タイムズ』世界大学ランキング

順位	大学名（得点）所在地
1	ハーヴァード大学（100）USA
2	ケンブリッジ大学（97.6）UK
2	オックスフォード大学（97.6）UK
2	イェール大学（97.6）USA
5	ロンドン大学インペリアルカレッジ（97.5）UK
6	プリンストン大学（97.2）USA
7	カリフォルニア工科大学（96.5）USA
7	シカゴ大学（96.5）USA
9	ロンドン大学ユニヴァーシティカレッジ（95.3）UK
10	マサチューセッツ工科大学（94.6）USA
11	コロンビア大学（94.5）USA
12	マックギル大学（93.9）カナダ
13	デューク大学（93.4）USA
14	ペンシルベニア大学（93.3）USA
15	ジョーンズ・ホプキンス大学（92.9）USA
16	オーストラリアン・ナショナル大学（91.6）オーストラリア
17	東京大学（91.1）日本
18	香港大学（90.7）中国
19	スタンフォード大学（90.6）USA
20	カーネギーメロン大学（90.0）USA
20	コーネル大学（90.0）USA

＊出典 THES 2007: 4-5.

ズ』の二八カ国、二〇〇大学の調査によれば、世界第一位の大学は、一〇〇点満点のアメリカのハーヴァード大学であり、二位は、九七・六点でイギリスのケンブリッジ大学、オックスフォード大学、アメリカのイェール大学の三大学がならんでいる。一位から一五位までの大学のうちの一一大学がアメリカの大学であり、残る四大学がイギリスの大学で、日本の大学は一つも入っていない。また、パリにあるフランス最高の学術機関エコール・ノルマル・シューペリウールは八七・一点で二六位である（THES 2007: 4）。

日本についていえば、圧倒的な知名度を誇る東京大学は九一・一点で一七位、京都大学は八七・二点で二五位、大阪大学は八〇・〇点で四六位、東北大学は六八・〇点で一〇二位である。日本の代表的な私立大学についていえば、慶應義塾大学が五九・九点で一六一位、早稲田大学は五七・七点で一八〇位である（THES 2007: 4-5）。現在、中国の若者たちが、日本を飛びこえて、アメリカ、イギリス留学をめざす傾向にあるが、これも、雑誌、インターネットなどをつうじて、こうした大学ランキングが広く流布しているためだろう。

学力概念の刷新が求められている

こうした教育のグローバル化は、日本の学力概念の刷新をうながしている。世界ランキングの一五位以内に入る大学、国際バカロレア資格の試験で求められている学力は、現在、日本の中等教育機関

（中学校・高等学校・中等学校）で形成しようとしている学力とは一致していない。今、グローバルな教育機関で求められている学力は、大きくまとめるなら——先ほどふれたシティズンシップ教育の内容と重なるところがあるが——文化的教養、問題解決思考、コミュニケーション技能、の三つといえるだろう。

たとえば、国際バカロレア試験は、口頭試問、研究論文の提出、論述形式の筆記試験などから構成されている。しかも、筆記試験に、日本のセンター入試に見られるようなマークシート問題は、一問も出されない。いいかえるなら、正解が一つの問題は一問も出されていない。国際バカロレア試験は、しつらえられた選択肢から正しい解答を選択することよりも、学習者がみずから解答をつくりだすことを重視しているからであり、また資料を駆使しながら、自分の考えを明確に相手に伝えることを重視しているからである。これに対し、よく知られているように、日本の中等教育機関で形成しようとしている学力は、どちらかといえば、断片的知識、受験問題解法に傾いている。

このように考えるなら、学力低下論の見方も変わってくるだろう。マスコミでとりあげられているように、日本の中学生・高校生の学力がほんとうに「低下」しているのなら、その「学力低下」は、中学・高校の生徒たちの努力が足らないからではなく、日本の教育システムの学力概念とグローバルな教育システムが求めている学力とがずれているためではないだろうか。「サッカーの練習をひたすらやらされてきて、バスケットの国際試合で結果を出せ、といわれているようなもの」（第6章参照）である。

私たちは、「学力」の名のもとに「成績」(アチーブメント)を論じるばかりで、子どもたちが何を学んだのか、その中身を論じていない。

教育方法の刷新が求められている

問題は学力概念だけではない。日本の中等教育機関の教育方法そのものも、グローバル水準から見ると、ずれているといわなければならない。いまだに、日本の多くの中学・高校では、比較的大きなクラスで、「一斉授業」を行っているし、「協同の学び」(collaborative learning)、「プロジェクト学習」(project learning)と呼ばれるような、子どもの自律的な課題探求を支援する学習形態を大規模に採用していない。

しかし、世界の上層階級の子どもたちが進学する中等学校では、少人数クラス、課題探求型の学びあい学習が中心である。アメリカのニューハンプシャー州にあるセントポール・スクール(St. Paul's School)、マサチューセッツ州のフィリップス・アカデミー(Phillips Academy)、スイスのル・ロゼ(Institut Le Rosey)など、「世界最高の中等学校」といわれるアメリカ、ヨーロッパの「寄宿制学校」(boarding school)では、クラスの人数は、一〇～一五人くらいであり、個別指導を徹底して行っている。また、自分で課題を設定しつつ、他の生徒と学びあう「協同の学び」型の学習形態を大きくとりいれている。生徒たちの「知への情熱」こそ、こうした寄宿制学校の教育の原動力である。

る。フィンランドの名前は、二〇〇三年のOECDのPISA調査（Programme for International Student Assessment）で「学力世界一の国」と評価され、広く知られるようになった。二〇〇六年のPISA調査でも、フィンランドは、科学的リテラシーで一位、数学的リテラシーで二位、読解力で二位、総合でやはり世界一、と評価されている（OECD 2007）。このフィンランドでは、クラスの人数は、小学校で平均二〇人、中学校で平均一一人であり、また授業の中心は、一斉授業のつめこみ学習ではなく、自分で調べるとともに、たがいに学びあいながら問題を解決していく「プロジェクト学習」である。

こうした少人数のクラス、学びあいの学習は、荒れた学校をたてなおすだけの力ももっている。アメリカの教育者デボラ・マイヤーは、ニューヨークのハーレムに位置し、怠学・暴力・麻薬にまみれたセントラルパーク・イースト中等学校（Central Park East Secondary School）をみごとにたてなおした。彼女が重視したものも、少人数のクラス、学びあい学習である。同校では、一つのクラスが二〇人の生徒から構成され、すべての授業において、二人の教師の援助のもとに五、六人の小グループに分かれた「プロジェクト学習」が行われた（佐藤 2003: 185-8; Meier 1995, 2003）。

アジア諸国のなかで、日本は、教育内容・教育方法の進歩について、かなりたち遅れているといえるだろう。いまだに、多くの日本の公立学校のクラス規模は実質的に三五人から四〇人であり、授業方法も、多くの場合、一斉授業である。二〇〇五年の段階でも「一斉授業の復権」を唱える本が出版されるほどである。子どもたちを秩序化し鼓舞する方法は、しばしば競争と恫喝である。これに対し、韓国でも、シンガポールでも、クラスの規模を二〇人以下にし、小グループに分かれた学びあいの学習をとりいれている。

佐藤学が述べているように、一斉授業は、産業主義社会の効率主義に基礎づけられた近代の教育方法である。それは、いわば、権力・権威に従順な人間、たとえば、工場労働者を形成するための教育方法である。したがって、経済活動・文化活動の自由度が著しく拡大し、自律と協同が求められるグローバル化の現代に、一斉授業はなじまない。「もはや『一斉授業』の教室の時代は終わったのである」（佐藤 2006: 21）。

もしも、教育方法を刷新し子どもたち一人ひとりの自律的な学びを支援することなく、やみくもに競争による学力向上政策をすすめるなら、すでに深刻化している学力格差をさらに拡大するだけだろう。競争が学力格差を生みだすことは、一九九〇年代に実施されたイギリスのサッチャー政権の競争中心の教育政策によって、すでに実証されている。そして、PISA調査によって明らかになったことは、日本の学力がフィンランドにくらべて低い理由が、日本の低学力層の比率がフィンランドのそれよりも大きく、それが日本の学力水準を引き下げていることであった。これは、日本で、競争によってできる子どもとできない子どもという学力の二極分化がすすんでいることを示している。

学力の二極分化は、必然的に大学の二極分化を生みだしていく。高い学力の子どもたちは、海外の大学をふくめ、「一流」と呼ばれる大学に進学し、そうでない子どもたちは「一流」と呼ばれない国内の大学に進学するからである。「一流」の大学では、学生たちは、夢に挑戦し、知を意志し、自己肯定感を高めるだろうが、そうでない学生たちは、夢を縮小し、知を強要され、自己否定感をおぼえるだろう。つまり、旧来の教育方法に固執し競争をただ是認することは、子どもたちに深い心理的なダメージを与えていくのである。

次に、どんな大学を卒業しようとも、というよりも、学歴にかかわりなく、若者たちがほぼ同じようにさらされることになるグローバル化の負の効果について、ふれなければならない。

3　グローバル化の負の効果

脱熟練化と脱文脈化

さきに少しふれたように、グローバル化のなかでは、競争と選別が強調されるが、近年の研究者の指摘を参照すると、それら以外にも、重要な社会現象が広がっている。おもなものをあげるなら、一つは、仕事の脱熟練化（マニュアル化）が拡大することであり、もう一つは、人間の脱文脈化（浮遊化）が進行することである。

仕事の脱熟練化は、計算可能性・予測可能性・訓練可能性をもっとも重視する徹底的な合理化であり、これは、社会学者のリッツアのいう「マクドナルド化」にひとしい。マクドナルド化は、ファストフードの接客マニュアル、調理マニュアルに象徴されるように、サーヴィス労働が「マニュアル化」され、労働行為がすべて、ことこまかく設えられた機能的分業に還元されることであり、労働者が厳密な管理・評価にさらされ、逸脱や反抗をいっさい許されなくなることである。こうした合理化は、ファストフードだけでなく、今や教育・医療・マスコミの領域にも広がりはじめている。教育評価の「標準化」も、マクドナルド化に近い様相を呈している場合もある（Ritzer 1996=1999）。

もう一つの人間の脱文脈化は、人びとが対面的なつながりを脱し、速やかな利便性を求める「ノマド」（孤立し漂流する状態）となることであり、これは、社会学者のバウマンのいう「リキッド化」にひとしい。「リキッド化」とは、人びとが「長幼の順」のような旧来の位階的秩序を無視し、速やかな目的達成（とくに利潤・便益の獲得）のみを求めるなかで、「選択の拡大」と「不安の増大」という対現象が拡大することである。たとえば、人びとがオンライン・トレードのようなグローバルな利便性に引き寄せられ、親族・閨閥・近隣といった諸共同体から遊離し孤立し、そうした共同体と一体の位階的権威を軽視し看過していくことである（Bauman 2000=2001）。近年、日本のみならず先進国で見られる年輩者・親・教師の権威の低落は、これと無関係ではない。

こうした仕事の脱熟練化と人間の脱文脈化は、たしかに大きな利潤・便益をもたらすが、同時に「仕事の歓び」を薄れさせたり、「生の意味」をゆるがしたりもする。

仕事の歓び

仕事の歓びは、個人の成功体験だけでなく、たがいに助けあい、支えあうことで生まれるが、マニュアルに縛られた職場では、助けあい、支えあいよりも、命令に従うことが重視される。その結果、人は自分の仕事に誇りをもてなくなり、「自分は利益を追求する組織の歯車の一つにすぎない」と考えてしまいがちである。年功よりも業績を重視し、業績がわるければ容易に解雇されるという成果主義が蔓延するなか、彼(女)らの心を占めていくものは、仕事の歓びではなく、非難への怯え、解雇への不安などのストレスである。そして、極端な場合、身体を労ること、人生を愉しむことを忘れ、怯えと不安に苛まれ、過労、うつ状態に追い込まれてしまうのである。

日本の自殺者が多いことは、こうした職場のストレスと無関係といえないだろう。警察庁の調査によると、二〇〇六年度の日本の自殺者は三万二一五五人である。これは、交通事故死者の七〇〇〇人の四倍以上にのぼる。平均すると、一日に九〇人が自殺していることになる。しかし、自殺未遂者の数は、自殺者の数の一〇倍から二〇倍といわれているから、実際に自殺を考えた人は、何十万人にものぼる、ということになるだろう。そして、もっとも多い自殺の動機は、「経済・生活問題」であり、近年、著しく増加している自殺の動機が、リストラなどの「職場・勤務問題」である(警察庁 2006, 2007)。

生きる意味は本来、「関係性」（affectionate relatedness）すなわち他者との心情的なつながり、世界との生態学的なつながりによって与えられる。しかし、人は、グローバルな利潤・便益に気をとられてしまうと、しばしばこうしたつながりを見過ごしてしまうようである。ひとり損得勘定に勤しむあまり、「共生性」（conviviality）すなわち自分が親族・友人、自然・大地に支えられ、ともに生きているという実感を失い、自分があたかも自立した「個人」として存在しているかのような、錯覚をいだいてしまうのだろうか。

事実、グローバル化が進行する日本社会において人びとは、ますます自立した個人として生きることを求められているように見える。その端的な例証は、「介護保険の成立」ではないだろうか。明治以降、日本社会は、儒教中心の家族制度（「家制度」）を確立してきたが、それが第二次大戦後、大きくゆらぎ、一九九〇年代に入り、くずれはじめている。家族ではなく、外部のサーヴィス機関が老人を介護するという介護保険の導入は、老人の独居生活など、「家制度」が崩壊していることの端的な例証ではないだろうか。

このように、関係性が退けられ、個人が強調されるときにふえるものが、傲慢・惰気だろう。クレームそのものは「消費者の声」であり、否定されるべきではないが、明らかに理不尽なクレームは、傲慢のなせる業だろう。傲慢は、人が関係性（つながり）によって生かされているという生の現実を忘れて、自分は自分の力だけで生きていると思いこむことから生まれる感情である。また、自己評価も否定されるべきではないが、「自分なんて、生きている価値がない」という自己評価は、惰気といえるだろう。それは、有用性という物さしだけで、命を価値づけようとした結果である。有用性の物さしで価値づけられるものは、所得・学力・成績など、いわゆる「能力」だけである。能力は個人が所有するものであるが、命は関係性が可能にするものである。関係性によって生かされているという生の現実は、人間による「思議の可能性」を超えているが、傲慢・惰気が広がるとき、この思議の可能性を超える現実を理解できなくなるだろう。

電子メディア

さて、仕事の脱熟練化、人間の脱文脈化が進み、関係性が退き、個人が強調されるなかで、人びとを吸い寄せるものがある。情報テクノロジーである。とりわけ携帯電話、パソコンなど、インターネット（グローバル・ネットワーク）を構成する電子メディアである。この電子メディアが構成するネットワークは、かつての対面的なコミュニケーションのネットワークとかけはなれたものである。対面的なコミュニケーションのネットワークは、よくもわるくも、関係性と一体であるが、電子メディアのネットワークは、人びとの関係性の外にあり、いわば「物象化」されているからである。

そして、電子メディアは、グローバル化の基本的なツールという役割をもつばかりでなく、関係性を喪った人びとが、その不在の関係性を求めてむらがる「虚焦点」という役割ももっている。その象徴が「ブログ」と呼ばれているサイトである。ブログにアクセスする人は、年齢も立場もさまざまであるが、それが唯一の「心の居場所」になっている人は、ふだんの生活で関係性から疎外される傾向にある人ではないだろうか。

グローバル化のなかでどのように電子メディアが発展しようとも、人は、自分が直面する問題を、「身近な人」と相互に支援しあう関係をつくることによってのみ解決することができる。もちろん、身近な人は、地理空間的・血縁関係的に近いところにいる人だけではない。身近な人は、電子メディアをつうじて見つけられることもある。しかし、どちらにしても、「身近な人」との関係性こそが、儒教的な家制度が衰退する現代の日本社会のなかで、私たちがたしかなＱＯＬ（Quality of Life 生活・人生の質）を維持し、民主主義（デモクラシー）をあまねく実現する基礎ではないだろうか。

関係性

関係性の基礎は、コミュニケーションである。しかし、関係性のコミュニケーションは、ドイツの社会学者ハーバーマス（Herbermas, Jeurgen）が提唱した「討議的コミュニケーション」と同一ではない。討議的コミュニケーションは、自律的な個人が合意をめざして行うコミュニケーションである。関係性のコミュニケーションは、アメリカの哲学者デューイ（Dewey, John）が提唱した「対話」（dialogue）

に近しい。それは、相手の声に傾聴し、相手の存在を認め、相手に向きあうコミュニケーションである（Dewey 1927: 218-9)。

しかし、関係性のコミュニケーションは、デューイのいう「対話」に還元されるコミュニケーションでもない。関係性のコミュニケーションは、「冗長性」（redundancy）に満ちているからである。冗長性とは、幼いころからの親友同士のように親しい間柄の二者のあいだで、微妙で精妙な意味了解の同調によって可能になるもので、相手の言外のニュアンスをくみとることによって相手の存在を受容することである。いいかえれば、冗長性とは、私とあなたとの間で冗談がつうじあうように、二人の「あそび心」が同調（シンクロ）していることであり、二人が相互に信頼を交感することである（田中 2002)。

冗長性のもっとも重要な機能は、自他の思わぬ失敗を吸収し、なかったことにすることである。たとえば、「マラプロピズム」（malapropism　直訳すると「誤った言葉の意味疎通」）のように、いいまちがえても意味が相手に伝わることである（Davidson 1984=1991)。そのいみで、冗長性はコミュニケーションの緩衝装置である。普通の車のハンドルに「あそび」があるように、人間関係にも冗長性という「あそび」がある。拡大解釈すれば、冗長性は、人の長所を認め、短所を補うスタンスを生みだしていくものである。

こうした冗長性の有無（多寡）によって、人間関係の様態（モード）がおよそ決定されるといえるだろう。図式的なまとめ方をするなら、冗長性が充分な場合、人間関係は、思うところをいいあえる協同的なつきあいになるが、冗長性が乏しい場合、人間関係は、本心をいっさい隠した事務的なつきあいになる。どちらが生産的で健全な人間関係かと問われるなら、だれしも、冗長性のある協同的なつきあいであると答えるはずである。

4 グローバルな学びへ

協同と刷新

以上、いくつかの実例をあげながら、教育のグローバル化と、グローバル化する社会がはらむ問題を確認してきた。最後に、こうした現実をふまえつつ、どのような教育を子どもたちに提供し、どのような学びを生みだしていくべきなのか、考えてみたい。

すでに、グローバル化にふさわしい教育として、次のようなグローバル化順応型の教育プランが提唱されている。教育資格（入学資格・卒業資格）の世界標準化に参画すること、子どもたちに世界に通用する最新の技術的知識を教えること、国際語としての英語の能力とりわけ英語リスニング能力を高めること、情報テクノロジーを駆使した学習をさせること、帰国子女や外国人子女の異文化に配慮すること、などである。

こうしたグローバル化順応型の教育プランももちろん重要であるが、グローバル化がもたらす負の効果を考えるなら、グローバル化応答型の教育プランも大切である。グローバル化応答型の教育プランは、グローバル化順応型の教育プランのようにグローバル化の時流にさおさし、それにうまく適応するための教育プランではない。それは、人間の根本を深く問う教育プランである。この応答型の教育プランは、いつの時代であれ、人間をもっとも深いところで支えているものは何か、という問いと結びついている。

さまざまな考え方があるだろうが、私は、人間をもっとも深いところで支えているものは「協同」(collaboration)と「刷新」(innovation)ではないか、と考えている。これらを「関係性」と「批判的思考」といいかえることもできるだろう[1]。

たとえば、幼児期の親子関係に見られるような愛着関係を培うこと、国籍、人種、民族、文化、職業、学歴などの区別・序列を超えて、自律的でありつつ、たがいに助けあう相互支援関係を築くことは、子どもたち、大人たちの不安と硬直を退け、勇気(courage)と優美(grace)を生みだす。どれほど飾り立てようとも、関係性がなければ、美しさは生まれない。そして、いかに過酷な情況においても、たえずよりよい社会、よりよい人生を実現するために既存の制度を批判的に吟味し、問題を根本的に刷新しようと試みるなら、私たちは隷従と怯懦を退け、誇り(dignity)と強さ(intensity)を生みだす。どれほど道徳的であっても、批判的思考がなければ、人びとを惹きつける魅力は生まれない。

もしも人間をもっとも深いところで支えているものが協同と刷新であるなら、グローバル化対応型の教育プランも、協同と刷新を指向するものである。本書に収められた論考は、この二つの基礎と密接に結びついている。以下、各章でとりあげるテーマ――学びの共同体、命の体験、学力、金融教育、文化、コンピテンシーについて、簡単にふれておきたい。

学びの共同体

社会における協同の生成に密接につながることは、学校の協同性をいっそう高めること、すなわちすべての学校を「学びの共同体」(community of learning)へと刷新することである。「学びの共同体」は、一九九〇年代以降、日本の佐藤学、アメリカのデボラ・マイヤーが提唱している新しい学校教育の形態である。それは、子どもたちがともに学び育ちあい、また子どもたちを支援する教師もともに同僚として学び育ちあい、さらに保護者も授業に参画し、ともに学び育ちあう場としての学校である。

こうした学びの共同体は、本書の第1章で佐藤学が論じているように、「公共性」(public philosophy／public space)、「民主主義」(democracy)、「卓越性」(excellence)をめざしている。公共性は、学校が内にも外に開かれていて、多様な生き方・考え方が対話的コミュニケーションによって交流する状態であり、民主主義は、他者の存在を気遣い、他者とともに生きることであり、卓越性は、子どもたちが自分のベストをつくして最高のものを追求することである。これらの理念がめざすところは、子ども一人ひとりの学びの権利を実現し、教える者にも学ぶ者にも慎み深さと謙虚さを生みだし、他者の声を聴きあい、ともに学びあう民主的な社会・学校を実現することである。

こうした学びの共同体を具現化するものは、傾聴を重視する「活動システム」(activity system)である。それは、具体的にいえば、ともに学びあい、たえず新しい課題に挑戦する、男女混合の四人グループである。教師は、「聴く」「つなぐ」「もどす」を基本としつつ、指示を減らし、即興性を高め、応答的に関与する。一般に「活動」といえば、能動性だけが強調されるが、この活動システムは、「受動的能動性」を本質としている。それは、学ぶ者も、教える者も、相手の声にならない声を聴くことを心がけることで、対話的コミュニケーションを生みだし、協同的で反省的な学びを実現することである。

命の体験

グローバル化社会では、有用性という規準が強調されるとともに、シミュレーションという仮想現実の存在感が増大していく。ネオリベラリズムも、成果主義も、人を「使えるか、使えないか」で評価している。人間は、経済的な有用性の多寡に還元され、より多くの有用性をめざす競争に駆りたてられている。また、近年の映画やゲームに描かれている現実は、現実にあるものを再現したものではないにもかかわらず、とてもリアルに感じられる。作りものであるにもかかわらず、妙な存在感に満ちている。たとえば、ディズニーランドの「カリブの海賊」「ホーンテッドマンション」などのアトラクションは、現実を参考にしながらも、それを記号化した人工物であるにもかかわらず、観客を引き込み、現実を忘れさせる力をもっている。社会学者のボードリヤール（Jean Baudrillard）は、こうした記号化された現実を「シミュレーション」と呼んでいる（Baudrillard 1988）。

協同を理念とした教育方法・教育形態の刷新とともにあげたいものは、こうした有用性の規準、シミュレーションの記号化された現実を超える本物の体験——命の体験である。本書の第2章で矢野智司が「芸術作品」「動物絵本」を素材に論じているように、命そのものは、なんとも語りえないものであるが、大人がすぐれた芸術作品にふれることで命そのものを体験するように、子どもたちも動物絵本にふれることで、命そのものを体験することができる。そうした体験は、自分をはるかに超えたつながりとの出会いである。

命の体験は、人の心、子どもたちの心を癒すだけではない。命の体験は、たとえば、親や教師が自分の成績を、またクラスのだれかが自分の容姿を、どのようにひどく評価しようとも、そうした評価にくじけることなく、また、だれかの手によって創られた仮想現実に満足することなく、この世界に存在する（生きる）ことの歓びと不思議を体験する道を開く。その意味で、命の体験は、有用性の規準、記号の現実性に回収されない「新しい現実」の出現であると同時に、「新しい強さ」の生成である。

学力

先にふれたように、学力概念の刷新もグローバル化が求めるところであるが、すこしたちどまって、「学力とは何か」という問題を真剣に考えるべきだろう。昨今の「学力低下」論は、「学力とは何か」という学力概念の検討抜きに行われているが、そのような議論は、地に足の着いたものではないからである。現在のところ、学力概念は、日本でもアメリカでも、より精確な「テスト」、より厳格な「評価」を加速する方向、つまるところ子どもの経済的な有用性を重視する方向に大きく傾いている。学校現場は、そうした世界の有用性指向に同調した競争中心の教育政策によって、適正な予算も人員も配備されないまま、過大な要求をつきつけられている。日本の教育予算(公的支出)は、GDP(国内総生産)の三・五%で、二六カ国中で二五位である(『朝日新聞』2007/09/19, p.1)。

「学力とは何か」を考えるうえで大切なことは、この社会がどのような社会であるべきなのか、人はどのように生きるべきなのか——そうした基礎的な議論である。本書の第3章で、今井康雄が喝破しているように、現在の「学力低下」論の背後には、「現実」が見えず不安に苛まれている大人たちがいる。一九九〇年代以降、大人たちは、いったい将来、子どもはどういう現実のなかで生きることになるのか、わからなくなってきている。その不安が「学力低下」論をかき立てているのである。不安に煽られる前になすべきことは、あるべき社会を具体的に構想することであり、その実現をはかることである。

次に議論すべきことは、学校教育に可能なことは何か、である。これは、教育関係者に課せられた課題である。近年のように、経済システムや政治システムから強要されるままに、学校教育によっては達成不可能ではないかと思われる課題を背負いつづけるなら、教員は疲労困憊し、教育システムそのものが破綻してしまうかもしれない。充分な教員数、充分な予算が確保されても、学校教育によってはできないこともある。たとえば、「親子の絆づくり、父親の子育て参加、早寝早起き朝ご飯」といった教育的な提言は、実際に夜遅くまで、そして週末も働かなければならない家庭が少なくないという現実があるかぎり、家庭には困難であるし、学校にもどうにもできない。学校教育にできることとできないことを、教育関係者の側からはっきり区別し表明するべきである。

金融教育

具体的な教育内容に目を向けてみよう。グローバル化のなかでは、かつての「金銭教育」もうまく機能しなくなる。「お金を大切にする」というモラルの形成をめざす「金銭教育」は、オンラインの商品売買、株式投資でお金を積極的に活用し、高い収益を得る大人がふえるなかで、「どうしてお金を大切にしなければならないの」という、自明性をくつがえす問いにさらされるからである。膨大な情報・商品に刺激されるなかで、大人も子どもも、欲望をたえずかきたてられるからである。金銭教育の人間像は、金融教育の人間像と背反している。前者の人間像は「生真面目」で「慎ましやか」な人間であるが、後者の人間像はキャリアの形成と財の蓄積のために必要な「したたかさ」や「たくましさ」を有する人間である。ここに、お金の運用され流通するシステムの概略を教えるだけでなく、お金の危うさも教える「金融教育」が求められる理由がある。

「金融教育」は、本書の第4章で山名淳が論じているように、人間の欲望そのものを問い、よりよい社会を実現し、よりよい人生を生きるうえで必要となる基本的なモラル（倫理）を問う契機となるだろう。よく知られているように、お金は、物欲・所有欲・顕示欲といった人間の欲望と深くつながっている。その欲望とどのように向きあうか、という問いは、子どもにとってのみならず、大人にとっても大切な問いである。この問いに、算数の問題のような唯一の正答を出すことはできないが、この問いをつうじて、子どもたちがそれぞれ自分自身をふりかえり、自分の心を理解することができるだろう。

お金は、つまるところ、有用性のシンボルであり、有用性は、経済、政治、学術、教育などさまざまな社会領域で求められているものであるが、人間の生は、この有用性に還元されるものではない。人びとは、利益産出の道具として生きることをしいられたり、愉しんだりしながらも、そうした生活を超えるものを見いだしている。それは、たとえば、命そのもののかけがえのなさであったり、多様な価値観のなかで人と人が共生する社会性であったり、見返りを求めない純粋贈与としての関係性であったりする。金融教育は、たんにお金とのかかわり方を教えるだけではなく、真の道徳教育につながるべきである。

文化

財産とは、本来、個人が所有するものではなく、世界全体が保全するものである、という考え方は、容易には認められないかもしれない。しかし、「文化的財産」というふうに限定してみれば、容易に認められるのではないだろうか。たとえば、一九七二年にＵＮＥＳＣＯが設定した「世界遺産」とりわけ「世界文化遺産」（World Cultural Heritage）は、「世界全体で守っていくべき文化的財産」という意味をふくんでいる。

第5章で上原秀一が論じているように、こうした文化の大切さを、近年の教育政策において明確に表明したのが、現在のフランス大統領のサルコジである。サルコジ大統領は、二〇〇七年九月、全国の教員に、知識主導型経済と情報革命の挑戦に応える「二一世紀の教育原則」を確立しよう、という内容の手紙を送っている。サルコジ大統領は、その手紙のなかで、グローバル化による「世界の平板化」に抗し、文化の多様性を保全するべきである、と説いている。しかし、彼によれば、その理由は、フランスの文化がフランス国民の大切な所有物だからではない。それが「人類全体のものだからである」。

事実、フランスの大学（université）はすべて国立で、授業料は無料である。バカロレアという高校卒業程度を証明する資格をもつ者は、原則として無選抜で入学することができる。これは、国家が、国民のみならず世界の人びとに、大学教育の機会を保障していることを意味している。この場合、大学は、経済的・社会的な成功への手段として位置づけられているのではない。文化を享受する場所として位置づけられている。

こうしたフランスの文化へのスタンスは、フランスの文化へのゆるぎない矜持と自信に裏づけされているのだろう。そして、こうした文化への矜持と自信に符合するかのように、これまでのところ、フランスは、グローバル化に対して順応的というよりも消極的な教育政策をとってきた。たとえば、三一カ国のなかで読解力一七位、数学的リテラシー一七位、科学的リテラシー一九位という、二〇〇六年のPISA調査の結果に対しても、フランスはドイツとは対照的に、「それで?」というふうな冷めた反応を示している。グローバル化社会における文化とは何か、ということを考えるうえで、フランスの教育・文化はきわめて重要な特異性を示しているといえるだろう。

コンピテンシー

さて、最後に、日本の教育論議に立ち返ってみよう。今、「学力（基礎・基本）」か「ゆとり（生きる力）」かの二分法のなかで繰りかえされてきた教育議論がふたたび登場し、振り子は「学力」に振れようとしている。

たとえば、ジャーナリストの桜井よしこ氏は、二〇〇七年に、「ゆとり教育は、子どもたちの学力がどんどん落ちていく」流れ全体を意味すると断じている。「今の教科書は信じがたいほど薄く内容がない。この教科書を使う子どもは簡単なことしか教えてもらえないので、頭脳の働きが十分に活性化されず、理解度が高まるどころか下向きのスパイラルに陥り、学力は大きく落ち込んでしまっている」と（『朝日新聞』2007/4/1. p.4）。これに対し、物理学者で東京大学総長、文部大臣をつとめた有馬朗人氏は、「ゆとり」重視のカリキュラムに賛成し、実質的に「学力は四〇年に比べて低下していない」と述べている。むしろ子どもたちには「入学試験的な知識」ではなく、「自分で勉強し問題を解決する力、つまり『生きる力』が必要である」と（『朝日新聞』2007/11/18. p. 4）。

有馬氏のいう「生きる力」は、桜井氏のいう「学力」ではない。「生きる力」は、OECD加盟国の多くで求められている「コンピテンシー」全体の総称であるといえるだろう。フィンランド、スコットランド、スウェーデン、ドイツなど、OECDの加盟国の多くは、一九九〇年代後半に、グローバル化を意識しつつ、大規模な教育改革を行ってきた。その中心は、カリキュラム概念を教えられる知識の配列から、子どもたちの学びの過程にシフトさせることである。これまでのカリキュラムは、国語、算数、理科、社会といった各教科の知識の配列を意味していたが、新しく策定されたカリキュラムは、こうした教科を横断する、コミュニケーションのスキル、数量的思考のスキル、問題解決のスキルなどの、コンピテンシーを子どもたちが習得する過程である。

本書の第6章で山内紀幸が論じているように、自律性・想像力・共生力が求められるグローバル化社会にあっては、教科中心つまりコンテンツ中心のカリキュラムが見直しの対象とならざるをえない。あらたに求められるものは、主要なコンピテンシーの習熟過程としてのカリキュラムである。日本における、「ゆとり」よりも「学力」へという議論の多くは、コンテンツ中心のカリキュラム内容を増加させ、コンテンツ中心の授業時間を増加させるという主張にとどまっている。コンテンツからコンピテンシーへというカリキュラム概念の転換こそが、こうした蒸し返し論から抜け出すための第一歩である。

（たなか・さとし）

【註】

1　すでに一九六九年にグラッサーは、学校教育が成功する秘訣は「暖かい人格的なかかわりという環境を創出すること」であると論じている（Glasser 1969: 204）。子どもと教師との関係性こそが優れた学校教育の内容である、と。関係性が「レリヴァンス」（relevance）［自分と世界との意味的なつながり、言葉と言葉との結びつきをささえる文脈］の形成を促進するからである。ただ、グラッサーの議論は、レリヴァンス形成を個人のなかにとどめ、制度化された権力を変革する批判的思考につないでいない。

【文献】

伊豫谷登士翁 2002『グローバリゼーションとは何か――液状化する世界を読み解く』平凡社。

警察庁　2006　「平成17年中における自殺の概要資料」[www.npa.go.jp/toukei/chiiki6/20060605.pdf].

警察庁 2007「平成18年中における自殺の概要資料」[www.npa.go.jp/toukei/chiiki8/20070607.pdf].

佐藤学　2003　『教師たちの挑戦――授業を創る　学びが変わる』小学館。

佐藤学　2006『学校の挑戦――学びの共同体を創る』小学館。

田中智志　2002　『他者の喪失から感受へ――近代の教育装置を超えて』勁草書房。

田中智志　2006　『臨床哲学がわかる事典』日本実業出版社。

松下佳代　2006　「習熟とは何か――熟達化研究の視点から」広田照幸監修『日本の教育と社会1――学力問題・ゆとり教育』日本図書センター。

嶺井明子編著　2007　『世界のシティズンシップ教育――グローバル時代の国民／市民形成』東信堂。

山名淳・相川充・浅沼茂・渋谷英章・橋本美保　2005　「グローバル・シティズンシップ育成に向けての実践的教材開発」『東京学芸大学紀要（第1部門 教育科学）』56: 57-70.

Baudrillard, Jean 1988 "Simulacra and Simulations," Poster, Mark ed. *Jean Baudrillard Selected Writings*. Stanford: Stanford University Press, pp.166-184.

Bauman, Zygmunt 2000 *Liquid Modernity*. Cambridge : Polity Press. = 2001 森田典正訳『リキッド・モダニティ――液状化する社会』大月書店。

Davidson, Donald 1984 *Inquiries into Truth and Interpretation.* Oxford: Oxford University Press. =　1991　野本和幸ほか訳『真理と解釈』勁草書房。

Dewey, John 1927 *The Public and Its Problems : An Essay in Political Inquiry.* Denver : Alan Swallow.

Glasser, William 1969 *Schools without Failure*. New York: Harper and Row.

Meier, Deborah W. 1996 *The Power of Their Ideas: Lessons for America from a Small School in Harlem*. Boston: Beacon Press.

Meier, Deborah W. 2003 *In Schools We Trust: Creating Communities of Learning in an Era of Testing and Standardization*. Boston: Beacon Press.

Meyer, John W. and Ramirez, Francisco O. 2000 "The World Institutionalization of Education," Schriewer, Jeugen ed., *Discourse Formation in Comparative Education*. Frankfurt am Main: Peter Lang.

OECD 2007 *Education at a Glance*. Organization for Economic Co-operation and Development. [www.oecd.org / dataoecd/44/35/37376068.pdf].

Ramirez, Francisco; Luo, Xiaowei; Schofer, Evan and Meyer, John W. 2006 "Student Achievement and National Economic Growth," *American Journal of Education,* 113（1）: 1-29.

Ritzer, George 1996 *The McDonaldization of Society : An Investigation into the Changing Character of Contemporary Social Life*, Rev. edn. Thousand Oaks, CA : Pine Forge Press. = 1999 正岡寛司監訳『マクドナルド化する社会』早稲田大学出版部。

THES 2007 *The Times Higher Education Supplement: World University Rankings*, 4th edition. [www. geocities.jp / worldtheride/WorldRankings2007.pdf].

Tomlinson, John 1999 *Globalization and Culture*. Cambridge: Polity Press. = 2000 片岡信訳『グローバリゼーション――文化帝国主義を超えて』青土社。

UNESCO 2005 *Citizenship Education for the Twenty-First Century*. United Nations Educational, Scientific and Cultural Organization. [portal.unesco.org/education/en].

第1章

学校再生の哲学

―― 学びの共同体と活動システム ――

佐藤　学

〈概要〉

「学びの共同体」を標榜する学校改革が草の根の運動として全国の学校を席巻している。この「静かな革命」は、なぜ生成し、どのような学校の未来像を提示しているのだろうか。「学びの共同体」としての学校づくりは、教室の授業実践においては活動的協同的反省的学びを実現し、職員室においては反省的実践家としての教師の同僚性を構築し、地域の保護者や市民の参加による協同の学び合いを実現している。その基盤は「他者の声を聴く」ことを起点とする対話的コミュニケーションの創造にある。これら一連の哲学的実践は、どのような学校改革を可能にするのだろうか。

1 もう一つの風景

学校の危機が声高に叫ばれ、矢継ぎ早にトップダウンの改革が断行される中で、教師以外の人びとにはあまり知られていない一つの風景から書き起こそう。二〇〇八年三月現在、「学びの共同体」づくりを標榜する学校改革に挑戦している学校は、小学校で約二〇〇〇校、中学校で約一〇〇〇校であり、公立学校の約一割に達している。

この風景は「公立学校の危機」「生徒の学力低下」「教師の指導力低下」を叫ぶ安部首相の諮問機関として組織された教育再生会議や文部科学省の中央教育審議会がマスメディアを動員して描き出している公立学校の風景とは著しく異なっている。この風景は、教育再生会議や中央教育審議会やマスメディアとは無縁のところで、公立学校の革命的変化が進行していることを示している。本稿では、この「静かな革命・長い革命」を準備し組織している教育学者として、「学びの共同体」を掲げる学校再生の哲学を紹介したい。とは言え、「学びの共同体」づくりの学校改革においては、改革のヴィジョンと哲学が実践に先行してはいるものの、その理論的解明は実践の進行に立ち遅れている。

たとえば、なぜ、これほど多くの学校が「学びの共同体」を標榜する学校改革に積極的に参加しているのだろうか。なぜ、「学びの共同体」を標榜する学校改革は、それほど多くの教師の挑戦を誘発しているのだろうか。なぜ、「学びの共同体」づくりを推進する学校改革は「奇跡」とも呼びうる成功を達成するのだろうか。改革のヴィジョンと哲学を提示し実践的方略を設計し、全国各地の学校を訪問して改革を推進してきた私自身でさえも、これら核心的な事柄に対して説得的な解答を持ち合わせていない。しかし、学校改革の模索と探究をとおして発見したこと、学んだこと、教訓としていることは数限りなくある。本稿は、それらの教訓の断片を統合し、可能な限り実践の言語ではなく、理論の言語において、この改革の哲学を叙述したい。いわば改革を支える舞台裏の叙述である。ちなみに「学びの共同体」づくりの学校改革は、日本の教育では希有な事例であるが、哲学と思想と理論によって導かれた学校改革という特徴を有している。

2 学びの共同体

「学びの共同体」（learning community）としての学校像は、ジョン・デューイ（John Dewey）が一八九六年にシカゴ大学に附設した実験学校（laboratory school）に由来し、一九一〇年代以降の新教育運動において世界各国に普及[1]、戦後も一九七〇年代アメリカのオープン・スクールなどの革新主義（progressivism

〔進歩主義〕）の教育改革に継承され、今日では二一世紀の学校のヴィジョンの一つとして語られている。

　日本の教育研究と学校改革において「学びの共同体」の概念が登場するのは、一九九二年の拙著「対話的実践としての学び――学習共同体を求めて」（佐藤 1995）、および私が参加し協力した新潟県小千谷市小千谷小学校の改革事例（一九九五年から一九九九年）においてである[2]。小千谷小学校において挑戦された改革理念は、一九九六年に小千谷小学校平澤憲一校長の転勤によって長岡市立南中学校へと波及し、一九九八年には両校への訪問を媒介として茅ヶ崎市教育委員会による「学びの共同体」パイロットスクールの建設へといたる。

　「学びの共同体」づくりの学校改革が全国的に拡大する出発点となったのは、茅ヶ崎市教育委員会による「二一世紀のパイロットスクール・浜之郷小学校」の創設（一九九八年）である。同校の創設を中心的に準備したのは茅ヶ崎市教育委員会学校教育課指導課長、大瀬敏昭である。大瀬は私の提唱する「学びの共同体」のヴィジョンと哲学と方略を全面的に採用した「茅の教育プラン」（茅ヶ崎市学校改革一〇年計画）を作成して市議会で議決、市長、教育長、市議会の支援を受けて、「パイロットスクール・浜之郷小学校」を新設、初代校長として同校の挑戦を開始した[3]。

　浜之郷小学校の創設は歴史的事件であった。これまで、公立学校が独自に改革理念を定め教育ヴィジョンを掲げて創設されたことがあっただろうか。浜之郷小学校において具体化された「学びの共同体」としての学校の理念と哲学は以下のとおりである。

① 学びの共同体としての学校

「学びの共同体」は、「二一世紀型の学校」のヴィジョンを示す概念であり、子どもたちが学び育ち合う場所、教師も専門家として学び育ち合う場所、保護者や市民も学校の教育活動に参加して学び育ち合う場所へと学校を再生するヴィジョンである。

このヴィジョンを達成するために、教室においては協同する学びの実現、職員室においては教師が授業実践に創意的に挑戦し批評し学び合う同僚性（collegiality）[4]の構築、保護者や市民が授業実践に参加して教師と協同する「学習参加」の取り組みを行う。

② 公共性・民主主義・卓越性

学びの共同体としての学校は、「公共性」（public philosophy）と「民主主義」（democracy）と「卓越性」（excellence）の三つの哲学的原理によって導かれる。

A　公共性——学校は公共的使命（public mission）とその責任によって組織された場所であり、教師はその公共的使命とその責任を担う専門家である。学校の公共的使命とそれを担う教師の責任は、子ども一人ひとりの学びの権利を実現し民主主義の社会を実現することにある。

学校の「公共性」の次の意味は、学校が公共空間（public space）として開かれていることにある。「公共性」は空間概念であり、学校と教室の空間が内にも外に開かれ、多様な生き方や考え方が対話的コミュニケーションによって交流されていることにある[5]。

B　民主主義――学校教育の目的は民主主義社会の建設にあり、学校はそれ自体が民主的な社会組織でなければならない。「民主主義」はたんなる政治的手続きではない。ここで言う「民主主義」は、ジョン・デューイの定義したように、「他者と共に生きる方法」（a way of associated living）を意味している。
民主主義の原理で組織された学校において、子ども、教師、保護者の一人ひとりはそれぞれ固有の役割と責任を負って学校運営に参加する主人公（protagonist）である。

C　卓越性――教える活動、学ぶ活動は、いずれも卓越性の追求を必要としている。ここで言う卓越性とは、他者と比べて優れているという意味の優秀さではない。自らのベストをつくして最高のものを追求するという意味の卓越性である。競争による卓越性の追求が優越感や劣等感をもたらすのに対して、自らのベストをつくして最高のものを追求する卓越性は、教える者にも学ぶ者にも慎み深さと謙虚さをもたらす。教える活動と学ぶ活動は、本質的に、この意味における卓越性の追求を含んで成立している。私は、この卓越性の追求を「背伸びとジャンプのある学び」として提起している。

③　**活動システム**

学びの共同体の方略は活動システムの構成である。私の提唱する「学びの共同体」は、他者の声を聴き合う関係を基盤として成立している。「他者の声を聴く」ことは学びの出発点である。学びはしばしば能動的な活動として語られがちだが、むしろ学びは「受動的能動性」を本質としている。古代ギリシャ語には受動態と能動態が一体となった「中動相」という動詞の態があったと言われるが、学びはまさに中道相における活動である。

教える活動も同様である。卓越した教師として知られるデボラ・マイヤー（Deborah Meier）は、その著書において「教える活動の大半は聴くことにある」と記している（Meier 1996）。確かに、優れた教師は、教室において子ども一人ひとりの声にならない声を聴くことに精力を傾けている。

「聴く」ことのプライオリティは、学校を公共空間に構成する上でも重要である。ジョン・デューイは『公衆とその問題』（*The Public and Its Problems: An Essay in Political Inquiry*）の最終部分で公共性を樹立する要件として聴覚の優位性にふれ、以下のように言及している。「聴覚（the ear）と生き生きとほとばしる思考や情動との結びつきは、視覚（eye）とそれらとの結びつきよりも圧倒的に緊密であり多彩である。観ること（vision）は観察者（spectator）であり、聴くこと（hearing）は参加者（participant）である」（Dewey 1927）。

この一節には「聴くこと」の受動性が「参加」をもたらす関係が端的に表現されている。デューイが指摘するように「観ること」によって人は、思弁（speculation）に浸ることはできるが、「聴くこと」によって人は、その場の当事者として「参加」を余儀なくされる。

聴き合う関係は共同体の構成においても決定的に重要である。聴き合う関係は対話の言語を生成し、対話的なコミュニケーションによる共同体の構成を準備するからである。

私の提唱する「学びの共同体」としての学校は、ひとまとまりの「活動システム」(activity system)によって組織されている。この「活動システム」は、その活動を遂行すれば、おのずから無意識に「公共哲学」と「民主主義」と「卓越性の追求」を体得し実践するように構成されている。いわば「学びの共同体」づくりのオペレーション・システムである。

教室における「活動システム」は、子どもたちの活動的で協同的で反省的な学びを組織するよう組織されている。すべての教室において「聴き合う関係」が組織され、小学三年以上の教室では、どの授業においても、①男女混合四人グループによる協同的な学びを組織すること、②教え合う関係ではなく学び合う関係を築くこと（わからなかったら、仲間に「ねえ、ここ、どうするの?」とたずねることを習慣化すること）、③ジャンプのある学びを組織すること、これら三つが求められる。

教師においては、授業を子どもの学びへの応答関係によって組織し、①「聴く」「つなぐ」「もどす」の三つの活動を貫くこと、②声のテンションを落とし話す言葉を精選すること、③即興的対応によって創造的な授業を追求することが求められる。

教室において子ども一人ひとりの学びの権利を実現する責任は、学級や教科の担任教師が一人で負うのではなく、その教室の子どもたち全員、学年ごとの教師集団、そして校長および保護者が共有するのである。

学校運営においては、月例の職員会議と週ごとの学年会議以外の会議は廃止し、授業の観察にもとづく事例研究会（校内研修）を学校経営の中心に位置づける。校内研修において、学校で共通の研究テーマを定めない。研究テーマは教師個々人が決定する。そして、①すべての教師が最低年一回は同僚に授業を公開し、校内研修あるいは学年研修において授業の事例研究を行う（これによって、毎年、校内で教師の人数以上の回数の事例研究会が実施されることとなる）。②授業の事例研究会においては、すべての教師が一言は発言することとする。③授業の事例研究会の主目的は、優れた授業の追求ではなく、一人残らず子どもの学びを成立させることと、その学びの質を高めることにおく。したがって、④事例研究会の研究内容は、教材や教師の指導法よりむしろ、教室で生起した子どもの学びの事実、学び合いの事実に焦点を当てる。

保護者との関係では、①学期に一回程度実施している「授業参観」を廃止し、保護者が教師と協同して授業づくりに参加する「学習参加」に転換し、保護者と教師が子どもを育てる責任を共有する活動を展開する。②「学習参加」においては、年間をとおして八割以上の保護者の参加を目標とする。③総合学習などにおいて、地域の市民が教師と協同して授業づくりに参加できる機会を設ける。

このような「学びの共同体」づくりの学校改革のヴィジョンと哲学と実践の原理と方略、およびそれらを具現化した活動システムは、三つの起源を持っている。その第一は、私自身の二八年間にわたる学校改革の挑戦における失敗と部分的な成功の経験である。大学に赴任して以来今日まで、私は、毎週二日、全国各地の学校を訪問し教室を観察して教師と協同して学校を内側から改革する挑戦を行ってきた。これまで訪問した学校は幼稚園、小学校、中学校、高等学校、養護学校は合わせて二〇〇〇校近く、事例研究を行った授業は一万以上に達している。私の学校改革のアイデアや授業の見方のほとんどは、各地の学校の教室で子ども、教師、校長から学んだ事柄である。

第二は、国内外の学校改革と授業改革の事例である。日本においては大正自由教育と戦後民主教育において学校改革と授業改革の数多くの事例がある。さらに私は約二〇ヶ国を訪問し調査して、世界各国の学校改革と授業改革の先進的事例に学んできた。なかでもアメリカのデボラ・マイヤーによるニューヨークとボストンにおける学校改革の実践、イタリアのローリス・マラグッチ（Loris Malaguzzi）が指導したレッジョ・エミリア（Reggio Emelia）の幼児教育の実践に多く学んできた（Edwards, Gandini and Forman 1998）[6]。

第三は、改革を支える理論である。一般に教育学者は教育学の理論によって学校と授業の改革を準備し指導しようと考えているが、教育学や教育関連の学問によって授業の改革や学校の改革を遂行するのは不可能である。教育学や教育関連の学問が教育の改善に多大な貢献をしていることは事実だが、学校改革や授業改革は社会改革の一部であり文化革命の一部である。人文社会科学のすべての領域の理論が求められている。もちろん、それらすべてを一人の研究者が包括するのは不可能である。学校改革や授業改革は、多様な学問領域にわたる理論の統合によって準備され遂行される。私個人においては人文社会科学の以下の理論が「学びの共同体」の学校改革の基礎を形成している。デューイ、ジェームズ、フーコー、ドゥルーズ、ショーン、ホロクィストの哲学、モースの文化人類学、マンフォードの文化批評、ヴィゴツキー、ブルーナーの心理学、テイラー、ガットマン、藤田省三の政治哲学、ノイマン、ベラ、パットナム、バーンスタインの社会哲学、クレー、谷川俊太郎の詩と哲学、三善晃の音楽と哲学、如月小春の演劇論、ノディングズの倫理学、シュワブ、フレイレ、マラグッチ、ショーマン、アイズナー、エンゲストローム、ランパートの教育学、ローティ、ハーグリーブズ、ウイッティの教育社会学などである。

「学びの共同体」づくりの学校改革を推進している校長や教師は、その多くが各地のパイロットスクールを訪問し教室を観察したことを直接的な契機としている。彼らの多くは私の著書の読者であり、テレビや新聞や雑誌などで「学びの共同体」の学校改革の実例を知っているが、それだけで改革に着手しているわけではない。パイロットスクールの存在と実践の事実は他の何よりも強力である。毎月、茅ヶ崎市浜之郷小学校、富士市岳陽中学校には数百人の教師が訪れ、毎年開かれる各地のパイロットスクールの公開研究日には数百人から一千人もの教師たちが訪問している。この八年間に「学びの共同体」の全国各地のパイロットスクールを訪問した教師たちはのべ数十万人にのぼると推定される。

3　ヴィジョンの共有

しかし、パイロットスクールの事実の何が教師たちを改革の挑戦へと誘うのだろうか。パイロットスクールが達成している「奇跡」とも言える数々の成果だろうか。確かに、「学びの共同体」づくりを推進した学校は「奇跡」と呼べる成果を達成している。「浜之郷スタイル」（小学校）、「岳陽スタイル」（中学校）を導入し、「学びの共同体」づくりを推進した学校では、どんなに荒れた学校でも、約一年後には教師と生徒の間のトラブルや生徒間の暴力行為は皆無かもしくは皆無に近い状態になり、生徒たちが一人残らず積極的に学びに参加する状態へと変わっている。そして改革を始めて二年後には、不登校の生徒の数（年間三〇日以上の欠席者）は改革前の三割から一割程度（もともと少ない場合はゼロ）に激減する。学力の向上も同様である。「学びの共同体」づくりを推進した学校のほとんどにおいて、一年後には成績の低い生徒の学力が大幅に向上し、二年後には成績上位者の学力も向上して市内でトップもしくはトップクラスの学校へと再生する。これら一連の「奇跡」とも呼びうる改善が、いったいなぜ起こるのか。その秘密について、改革のヴィジョンと哲学と方略を設計しデザインした私自身も十分に認識しているわけではない。

おもしろいエピソードがある。富士市の岳陽中学校が「学びの共同体」づくりの改革の記録を本で公刊した直後、全国から数千人の教師が同校を訪問してきたが、改革の取り組みを学ぶことを目的として訪問した教師は少なかった。「この本に書いてあることが真実かどうか、この目で確かめたかった」というのがほとんどの教師の訪問の主目的であった。長年にわたって県下でも有数の困難校として知られていた中学校が、わずか数年間で生徒の問題行動をゼロにし、不登校の生徒の数を三六名から四名へと激減させ、市内で最低であった学力水準を市内でトップレベルに引き上げる改革が真実であると誰が信じるだろうか。本の内容が真実かどうかを確かめる目的で訪問者が殺到したとしても当然である。

しかし、より重要なことは、パイロットスクールにおける「奇跡」とも呼べる華々しい成果が「学びの共同体」づくりの学校改革の爆発的とも言える普及を生み出しているわけではないことである。パイロットスクールの訪問者たちが異口同音に語るのは、慎ましやかに学び合う子どもの姿と教師の姿の素晴らしさであり、パイロットスクールにおいて実現している学校改革のヴィジョンに対する希望である。

「学びの共同体」づくりを推進する学校の訪問者が最初に驚くのは、学校が静かであること、そして子どもも教師も自然体で言葉や振る舞いが柔らかく応答的な関わりが実現していることである。他者の声を聴き合う関係を基盤とする応答的なケアの関わりと協同的な学びの実践が学校生活全体を構成しているのである。日本の学校に特徴的な騒々しさやテンションの高い声や過度の緊張感やいつも何かに追われている焦燥感が「学びの共同体」のパイロットスクールにおいては消え失せている。もの静かであるからと言って、決して学びが不活発であるわけではない。逆である。子どもも教師も学びに対して驚くほど真摯であり、教室のどの子の発言やつぶやきにも耳を澄まし、他者の思考や感情の小さな差異に敏感である。人は学べば学ぶほど慎み深くなり、知性的になればなるほどもの静かになる。「学びの共同体」における公共空間は、他者の声を聴くリスニング・ペダゴジーが生み出す学びの空間であり、一人ひとりの思考と感情の小さな差異が響き合う、つぶやきの〈交響空間〉なのである[7]。

「学びの共同体」のパイロットスクールを訪問した教師たちに最も感銘を与えている事柄が、「奇跡」と呼べる学校改革の達成の成果というよりはむしろ、学校の静けさであり、自然体で柔らかな身体と声で交わされる対話的コミュニケーションであり、一人残らず授業に参加して学び合っている子どもの姿であり、一人残らず教室を開いて慎み深く同僚と共に子どもの学びの事実から学び合っている教師の姿である。そのような学校が創造されていること、改革の事実であることは何を意味しているのだろうか。教師たちが希求しているものは学校改革のヴィジョンであり、そのヴィジョンを実現する改革の希望である。一般に、学校改革においては、「人が足りない」「時間が足りない」「お金が足りない」「資源が足りない」と語られがちである。しかし、現在の学校改革において最も欠落しているものは、教師たちが希望を託せる改革のヴィジョンである。「学びの共同体」の学校改革は、希望のヴィジョンを実践の事実で示すことによって、教師たちと子どもたちと保護者たちの圧倒的支持を獲得したと言えよう。

4 改革のマクロポリティクス＝学校の外側への対応

「学びの共同体」の学校改革の最初のパイロットスクールである浜之郷小学校の所在する茅ヶ崎市は、チャータースクール（公費によって設立された私立学校）運動の全国的拠点である藤沢市に隣接している。同校は、「二一世紀の学校理念・学びの共同体」のパイロットスクールであるだけでなく、公立学校を擁護しその可能性を開くパイロットスクールとしての役割も担うこととなった。「パイロットスクール」という呼称自体、ボストン市においてチャータースクールの普及に対抗して教員組合と教育委員会の要請によってデボラ・マイヤーを中心に建設された公立学校の改革の拠点校としての「パイロットスクール」のアイデアを踏襲して付けられた名称であった。その名のとおり、「学びの共同体」の学校改革は、学校を市場原理の競争によって統制し、公教育を私事化し民営化する新自由主義のイデオロギーと政策に対抗する改革として展開してきた。

実際、経済同友会が「二一世紀の学校像」として親の「自由な選択」によって学校の機能の三分の二を民間の教育産業と地域のボランティアによる教育へと移譲し、現在の三分の一に「公教育のスリム化」をはかる提言を行ったのが一九九五年、小渕首相の諮問機関である「『二一世紀日本』の構想」委員会の第五部会が学校教育の機能を「国家のための教育」と「個人のための教育」に二分し公教育を「国家のための教育」に限定する「公教育のスリム化」を提唱したのが一九九九年、小泉首相の設置した経済財政諮問会議は義務教育費国庫負担制度の廃止（公教育に対する国の責任の放棄）、学校選択制度の全国化、チャータースクールの導入、公立学校教師の人員と給与の大幅削減を提唱し続け、安部首相は教育基本法の改正を断行し「教育再生会議」によって首相が直接的に学校を統制する改革を始めている。

新自由主義のイデオロギーと政策は、マスメディアをとおして「学力低下」や「いじめ問題」等の事件を利用して「創作された危機」(manufactured crisis)[8]による大衆の集団ヒステリアを醸成し、学校批判と教師パッシングを繰り返してきた。教師たちはスケープゴートであった。しかも新自由主義による市場原理主義は、教育の公共性を解体し教師の仕事を「脱専門職化」する作用をはたしている。

新自由主義のイデオロギーと政策において最も深刻な問題の一つは、教師の仕事を責任からサービスへと転換したことである。新自由主義のイデオロギーと政策において、教師と親との関係はサービスの提供者とサービスの受け手の関係へと転じている。その結果、教師の仕事は終わりのない献身の仕事となって徒労感をつのらせ、その一方で、親は教師のサービスに対する不満をつのらせている。今や、教師が創造的に実践を推進するにあたって最も障碍となっているのは、親の教師に対する不信と不満と批判である。

しかし、教師と親との関係は、サービスの提供者とサービスの享受者との関係だろうか。そうではないだろう。教育はサービスではなく、子どもに対する大人の責任である。教師と親との関係は子どもの教育に対する責任の関係によって結ばれなければならない。子どもの教育を中心において教師と親とが責任を共有することなしには、教師と親との間の信頼と連帯は形成しようがないのである。

教育が責任からサービスへと転換することによって教師の尊厳と教職の専門性は危機を迎えている。教師の仕事は「誰にでもつとまる仕事」（easy work）と見なされ、教師に対する信頼も尊敬も崩壊しつつある。深刻なのは、教師の尊厳が傷つけられていることである。「学力低下」や「いじめ」の過剰な危機の報道によって、あるいはほんの一部の教師の非常識な言動がワイドショーによって大々的に報じられることによって、教師たちは「挨拶の仕方」を訓練するためにデパートへと研修に行かされ、「授業技術の向上」のために予備校や塾へと研修に行かされている。

新自由主義のイデオロギーと政策は、教師の「責任」の概念も「応答責任」（responsibility）から「説明責任」（accountability）へと転換していった。「アカウンタビリティ」は、もともと納税した金額に見合ったサービスを要請する概念である。文字どおり「勘定に合っている」ことを要請する概念である。この「アカウンタビリティ」と競争原理による統制は、学校の行政と経営に「数値目標による経営と評価」を蔓延させる結果を導いている。「数値目標による経営と評価」は、評価を受ける組織が壊滅状態にあるときは有効に機能するが、評価を受ける組織が健全に機能している場合はその組織を劣化させる機能をもたらす。また、「数値目標による経営と評価」は、評価を受ける組織の目標が単一であり単純である場合には積極的な効果をもたらすが、評価を受ける組織の目標が多元的で複雑な場合は否定的な効果しかもたらさない。しかし、教育の責任が「応答責任」から「説明責任」へと転じることによって、ほとんどの都道府県教育委員会と市町村の教育委員会は「数値目標による評価」をすべての学校に導入してきた。その結果、教師の仕事は「学力向上」や「いじめ」や「不登校」の解決、「進学実績の向上」という単純で目に見えるものに限定され、しかも、その達成の証明と評価の資料作成に多大な労力を注ぐ状況へと陥っている。

こうして、今日の教師は、一方で親や納税者に対する「サービス」とその「サービス」の「説明責任」に追い立てられ、もう一方では地方教育委員会の要求する「数値目標」とその官僚的評価にいっそう組み込まれ、この二つの要請によって引き裂かれた状態に追い込まれている。この二つ評価主体の関係において欠落しているのは、一人ひとりの子どもに対する「応答責任」であり、教師に対する専門家（professional）としての評価である。

5 改革のマイクロポリティクス＝学校の内側の壁を越える

学校の内側に目を転じてみよう。学校改革の過程は内と外の弁証法によって認識することができる。学校は内側からしか変われないし、学校改革は外からの支援がなければ持続しない。この事実から見ると、今日の過剰とも思われる学校改革の政策において内と外の弁証法は明らかに逆転している。政策決定者たちは、「教師の意識改革」と称して、外から強引に学校を変革しようとしているし、逆に、学校が内側から変える動きを示しても外から支援しようとはしない。学校現場が混乱し疲弊したとしても当然である。

一般に、人びとは学校の改革を安易に考え過ぎている。学校は頑固で頑迷な組織である。決して容易に改革しうるものではない。たとえば、どの都道府県や市町村においても学校の改革を促進し支援するために「研究指定校制度」を設け、膨大な数の学校が指定研究校として多大な労力を注いでいるが、「研究指定」を受けた二年ないし三年を終えて「研究発表」を終えて以降、その研究を持続している学校が存在しているだろうか。どの学校も「研究指定校」の期間を終えると、すべての研究活動を終え、一〇年後に「研究指定校」に任命されるまで何もしようとはしない。多大な労力を注いで作成された「研究冊子」を読もうとする者も誰もいない。この例にも見られるように、学校改革は容易な事業ではないし、学校改革を行うことが決して教育の質を改善し教師のモラールを高めるものでもない。むしろ逆の結果をもたらすことが多いのが現実である。

私自身、二八年間にわたって二〇〇〇校近くの学校の改革に協力してきたが、率直に言って、最初の一〇年以上は失敗続きであった。もちろん、そのときどきの改革において部分的な改善は実現したし、一つひとつの取り組みはそれ相応の成果をあげてきた。しかし、それらの改革は一時的であり、しかも局所的でしかなかった。

学校改革は、数年の単位で遂行するような安易な事業ではなく、また部分的な改革によって達成される事業でもないし、一部の人びとによって達成されるような事業でもない。学校改革は、少なくとも一〇年単位で緩やかに遂行される〈長い革命〉であり、部分的改革ではなく全体的構造的改革でなければならない。短期間の急激な改革や部分的局所的な改革は、その副作用や反作用によって否定的効果をもたらす危険の方が大きい。

学校を内側から改革するにあたって最も重要なことは、学校の内側のマイクロポリティクスを構造的に認識することである。たとえば、小学校において学校の内側からの改革を阻んでいる最大の壁は教室の壁である。スタンフォード大学の教育史研究者であるディヴィッド・タイヤックはアメリカの小学校を「ペダゴジカル・ハーレム」(pedagogical harem)と呼んでいる。男性の教師が校長をつとめ、各教室が密室になっていて、その密室に女性教師が住まい、それぞれの女性教師の仲が悪く、校長としか関係を結んでいないからである（Tyack 1974; Spring 2001: 152）。この卓越した比喩は、小学校を改革する際に教室の壁を開き、教師間に「同僚性」を築くことなしに学校の内側からの改革は実現しないことを示している。

また、学校文化の研究を行ってきたイギリスの教育社会学者（現在はアメリカのボストン・カレッジ教授）であるアンディ・ハーグリーブズは、中等学校の内側の構造を「バルカン諸国化」（バルカナイゼーション Balkanisation）と表現している（Hargreaves 1994）。この比喩も卓越している。中学校、高校の学校内部は教科単位で組織され、それぞれの教科単位の教師たちがそれぞれ独立国を形成し、それぞれ独自のルールで経営していて、どんなに指導力のある校長がリーダーシップを発揮して改革しようとしても学校内部はびくともしないというのが現実である。ここでは教科の壁、校務分掌の壁、部活の壁が学校の改革を内側から阻む権力構造を形成している。

したがって、小学校の改革においては教室の壁を開き、子どもの学びの実現を中心に同僚性を築くこと、中学校と高校の改革においては教科の壁を開き、生徒の学びの実現を中心に同僚性を築くことなしに、学校を内側から改革することは不可能である。

学校におけるコミュニケーションの特徴についても、よりリアルに認識する必要がある。学校ほど対話の重要性が叫ばれる場所はないにもかかわらず、学校ほどモノローグが支配している場所も少ない。

校長の言葉はほとんどモノローグである。職員室における教師の言葉もほとんどがモノローグである。教室における教師の言葉もほとんどがモノローグである。教室における子どもの言葉もほとんどがモノローグである。このモノローグを対話の言葉に変えることなしに、対話的なコミュニケーションを実現することはできないし、学校を共同体へと再構築することはできない。

さらに、学校ほど民主主義の重要性が叫ばれる場所はないにもかかわらず、学校ほど民主主義が軽んじられ、非民主的な関係が支配している場所も少ない。たとえば、職員室で生徒のことが話題になることは多いが、通常の中学校の職員室で話題になる生徒の数は生徒の総数の二割程度である。問題行動を頻繁に起こす生徒、特別成績の悪い生徒、特別成績の良い生徒、部活等で特別優秀な生徒以外の生徒で、職員室で話題になる生徒は稀である。親の収めている税金の一〇倍以上のサービスを受けている生徒がいる一方で、親の収めている税金の一〇分の一のサービスも受けていない生徒が多数存在している。このような不公平で非民主的な学校を改革するためには、学校の構成員一人ひとりが主人公として対等に参加し交流する組織へと学校内のコミュニケーションの構造それ自体を変革しなければならない。

校長の指導性についても根本的な検討が必要である。学校の公共的使命と責任は一人ひとりの子どもの学びの権利の実現にある。その責任の中心は校長にある。一人残らず子どもの学びの権利を実現することは校長の責任の中核と言ってよいだろう。しかし、この責任を自覚している校長は驚くほど少ない。この責任を自覚した校長であれば、校長室での雑務や校外の会議で忙殺されることはないだろう。職務の大半を教室の観察と教師の支援と研修の活性化に充てるはずである。

研究熱心な学校がよい学校であるわけではない。むしろ研究熱心な学校ほど、一人ひとりの子どもの学びの権利の実現よりも、学校の研究成果や教師の授業技術に関心が集中し、一部の教師とそれに同調する一部の子どもだけが活躍する学校になっている場合が多い。しかも、それらの学校では、教師の労働時間は無視され、教師たちは学校の内の世界だけを生きる偏狭な生活を送っている。このような学校が多いのは、授業の改革が安直に考えられているからである。教師の仕事は高度の教養を基礎として成り立つ知性的な仕事であり、高度の専門的知識と実践的な見識を必要とされる複雑な仕事である。

「学びの共同体」の学校改革において、すべての子どもの学びの権利を実現し、すべての子どもに「背伸びとジャンプのある学び」を保障することは、教師の授業技術の改善によって達成できるとは想定していない。教師と子どもとが協同で挑戦しない限り、一人残らず子どもの学びの権利を実現し「背伸びとジャンプのある学び」を実現することは不可能である。さらに、どの学校でも年間三回程度の研究授業によって授業の改革を追求しているが、私の協力している「学びの共同体」の学校改革においては、一時間の授業の観察と二時間の事例研究を、校内の教師の間で少なくとも百回程度行わなければ、授業の改革も学びの改革も十全に達成できない、と考えられている。それほど、学校の改革は難事業であり、授業の改革は複雑で高度な事業なのである。

6 再定義＝省察と熟考

「学びの共同体」の学校改革が、これほど多くの学校の挑戦を導き、「奇跡」とも呼べる成果をあげている背景には、教師たちによる教育諸概念の再定義がある。私は、学校改革の基礎として、次の三つの概念の再定義を提唱してきた。その一つは「学び」の再定義である。「学びの共同体」における「学び」は、対象世界との対話、他者との対話、自己との対話という三つの対話的実践として再定義されている。学びは認知的（文化的）、対人的（社会的）、実存的（倫理的）実践なのである。

「学びの共同体」の学校改革においては「教師」も再定義されている。これまで教師は「教える専門家」として定義されてきたが、「学びの共同体」における教師は「教える専門家」であると同時に「学びの専門家」として再定義されている。さらにこれまでの教師の専門的能力は科学的知識や技術を実践に具体化する「科学的技術の合理的適用」の原理によって定義されてきたが、「学びの共同体」における教師の専門的能力は自らの実践の事実と同僚の実践の事実を省察し学び合う「反省的実践家」(reflective practitioner)（ドナルド・ショーン）として再定義されている（Schon 1983）。

学校改革の「公共性」についても、あるいは参加民主主義よりもむしろ審議民主主義（deliberative democracy）において定義される民主主義の概念も、「学びの共同体」の学校改革の探究の過程で深化しつつある。

カリキュラムの改革も同様である。「学びの共同体」の学校改革を推進する学校においては、学校カリキュラムを「科学的ディスコースの教育」「芸術技法の教育」「市民性の教育」の三つの基本軸でデザインし実践する方向を模索しており、これらの実践が近い将来、新たなカリキュラムの構造を開発することが期待される。

しかし、全国で数千校という規模で展開されている「学びの共同体」の学校改革は、その改革が進展すればするほど、日本の教育現実の厳しさと直面していることも事実である。校長の見識とリーダーシップをどう形成するか、教育政策における「脱専門職化」にどう対抗するか、急速に深刻化する子どもの危機の激化にどう対応するか、教育行政の官僚的統制にどう対抗するか、個別の学校単位で推進されている学校改革をマクロな教育政策の転換へどうつなげるか、学校の改革を内側から支える教育研究者をどう育成するか。これらの課題に、今なお、この改革運動は明確な解決の方途を見いだしてはいない。それらの課題については、別に機会に本格的に論じたい。

（さとう・まなぶ）

〈付記〉本稿は、『現代思想』二〇〇七年四月号に掲載した論文を補筆したものである。

【註】

1　「学びの共同体」の歴史は、古代ギリシャのアカデメイア、中世の修道院と大学にまで遡ることができるだろう。学問（discipline）は、もともと学習者（disciple）の共同体を意味する概念であった（佐藤 1998 参照）。

2　小千谷小学校における「学びの共同体」づくりの改革の歴史的背景とその哲学的意味については、佐藤 2000a を参照されたい。

3　浜之郷小学校の創設の経緯とその初期の改革については、大瀬・佐藤編 2000 および 2003 を参照されたい。

4　「同僚性」（collegiality）の概念を提示したのは、ジュディス・リトル（Judith Warren Little）である。彼女は学校改革において成功要因とされる多数の要素の機能を調査研究し、教師の同僚間の専門家としての連帯が、学校改革において決定的役割を果たすことを示した（Little 1990; Little and McLaughlin 1993）。教師の専門家としての連帯を学校改革においてプライオリティ（優先権）をおくリトルの提言は卓見であり、筆者は「同僚性」という訳語をあてて紹介してきた。「同僚性」は、今や日本の教師の共通用語として定着している。

5　本稿で提示する「公共性」の概念とその政治哲学については、佐藤 2000c を参照されたい。

6　デボラ・マイヤーがニューヨーク市のセントラル・パーク・イースト中等学校で校長をつとめた改革事例、およびボストン市で公立学校の擁護のために校長をつとめたミッションヒルスクールの改革事例については、Meier1996 および佐藤 2003 を参照されたい。

7　真木悠介は同質集団が凝縮した「サンゴのような共同体」ではなく異質な人びとが繋がりあう「オーケストラのような共同体」という卓越した比喩で「共同体」のあり方を提示している。学びが個人と個人の差異において成立するとすれば、「学びの共同体」は真木の言う「オーケストラのような共同体」として成立しなければならない（真木 2003）。

8 アリゾナ大学の教育学者デイヴィッド・バーリナー（David C. Berliner）は、アメリカの新聞報道において過剰に語られる「教育危機」がメディアによって「創作された危機」であることに警鐘を鳴らしている（Berliner 1997）。同様の事態は日本のメディアにおいて、いっそう過激に起こっている。

〈補足〉 参考までに「学びの共同体」の代表的な拠点校を二〇校ほど列挙しておこう。本稿の論述は、これら二〇校の観察と調査にもとづいている。「学びの共同体」を標榜したパイロットスクールは、この他にも全国で一〇〇校近く建設されており、「学びの共同体」を標榜する改革は全国で約二〇〇〇の学校で挑戦されている。近隣の学校をぜひ訪問して頂きたい。その多くは佐藤 2006 において事例報告を行っている。参照されたい。

〈小学校〉 神奈川県茅ヶ崎市浜之郷小学校、東京都練馬区豊玉南小学校、東京都北区赤羽台西小学校、大分県別府市青山小学校、山梨県久那土群久那土小学校、富山県富山市奥田小学校、福岡県直方市直方小学校。

〈中学校〉 静岡県富士市元吉原中学校、静岡県富士市岳陽中学校、大阪府茨木市豊川中学校、広島県広島市祇園東中学校、静岡県熱海市多賀中学校、大阪府高槻市高槻第八中学校、千葉県流山市常盤松中学校、千葉県八千代市阿蘇中学校、茨城県石岡市柿岡中学校。

〈高校〉 東京大学教育学部附属中等学校、広島県広島市安芸高校、長野県佐久市望月高校。

【文献】

大瀬敏昭・佐藤学編　2000『学校を創る——茅ヶ崎市浜之郷小学校の誕生と実践』小学館。
大瀬敏昭・佐藤学編　2003『学校を変える——浜之郷小学校の5年間』小学館。
佐藤学　1995「対話的実践としての学び——学習共同体を求めて」佐伯胖・藤田英典・佐藤学編『学びへの誘い』東京大学出版会。
佐藤学　1998「序論——学びの快楽へ」『学びの快楽——ダイアローグへ』世織書房。

佐藤学　2000a「学校という装置——「学級王国」の成立と崩壊」、栗原彬・小森陽一・佐藤学・吉見俊哉　『装置——壊し築く』（越境する知４）東京大学出版会。

佐藤学　2000b『授業を変える 学校が変わる——総合学習からカリキュラムの創造へ』小学館。

佐藤学　2000c「公共圏の政治学——両大戦間のデューイ」『思想』（岩波書店）No. 907: 18-40.

佐藤学　2003「ボストンの小さな学校の大きな挑戦」『教師たちの挑戦——授業を創る 学びが変わる』小学館。

佐藤学　2006『学校の挑戦——学びの共同体を創る』小学館。

真木悠介　2003　『気流の鳴る音』筑摩書房。

Berliner, David C. 1997 "If It Bleeds, It Leads: The Natural Alliance between School Critics and the Media" [Paper presented at the meetings of the American Educational Research Association, Chicago, Illinois, 1997].

Dewey, John 1927 *The Public and Its Problems : An Essay in Political Inquiry*. Denver : Alan Swallow.

Edwards, Carolyn, Gandini, Lella and Forman, George eds. 1998 *The Hundred Languages of Children: The Reggio Emilia Approach Advanced Reflections*, 2nd edn. Greenwich, CT: Ablex Publishing Corporation.

Hargreaves, Andy 1994 *Changing Teachers, Changing Times: Teachers' Work and Culture in the Postmodern Age*. New York: Teachers College Press.

Little, Judith W. 1990 "Teachers as Colleagues," in Lieberman, A. ed. *Building a Professional Culture in Schools*. New York: Teachers College Press, pp. 165-193.

Little, Judith W. and McLaughlin, M. W. 1993 "Perspectives on Cultures and Contexts of Teaching," in Little, J. W. and McLaughlin, M. W. eds. *Teachers' Work: Individuals, Colleagues and Contexts*. NewYork: Teachers College Press, pp. 1-8.

Meier, Deborah 1996 *The Power of Their Ideas: Lessons for America from a Small School in Harlem*. Boston: Beacon Press.

Schon, Donald 1983 *The Reflective Practitioner : How Professionals Think in Action*. New York: Basic Books.

Spring, Joel 2001 *The American School: 1642-2000*, 5th edn. Boston: McGraw-Hill.

Tyack, David 1974 *The One Best System: A History of American Urban Education*. Cambridge, MA: Harvard University Press.

第2章

メディア革命を生きる子ども

── 現実 - 仮想現実関係をめぐって ──[1]

矢野智司

〈概要〉

メディア革命によって生じた「現実」の失調は、子どもの学習をすっかり変容させてしまい、それはさまざまな心的失調として現れている。しかし、人間は動物のように種に固有の環境世界をもたない。したがって、人間には固有の「現実」なるものはなく、人類史とはそれぞれの時代における確かな「現実」の創造を求め格闘してきた歴史である。そのように考えれば、今日の教育の問題は、子どもの生きる「現実」の再構築にとどまらず、「現実」を生みだしていく生命の強度をどのように高めるかにある。子どもは社会的存在として共同の「現実」を学ぶとともに、そのような有用性を基本とする社会的在り方を侵犯し深く生命に触れ、世界（意味の世界）の外を生きることが不可欠である。古代においてそうであったように、今日でも動物との出会いは重要な力を発揮しているように見える。社会を侵犯し新しい現実を生みだす動物と子どもとの関わりを捉え直す。

1　メディア革命と動物による侵犯

私たちは、自宅のなかにいながら、さしたる特別な技能がなくても、わずかな努力と費用で、インターネットによって同時間の世界中の出来事にアクセスできるし、また人類が何千年もかけて蓄積してきた膨大な情報を瞬時に呼び出すことができる。もはや空間の隔たりも時間の隔たりも、ここではアクセスの障壁とはならない。粘土板が納められた薄暗い古代の図書館、修道院での身を削るような写本の作業、仏典を求める命がけの旅などを思い浮かべると、メディアの歴史、あるいは教育の歴史から見たとき、この日常が人類史上、驚くべき事態であることはいうまでもないだろう。

それだけではない。私たちは電子メディアなどの進化といったメディア革命によって、それまで経験することのなかった新しい現実に直面している。それは、これまでの「現実」のとらえ方が失効するような事態であり、「経験」の意味自体が変更を余儀なくされる事態である。それは、指示対象と切り離された記号が浮遊化し、確かで堅固な立脚点であるはずの現実なるものが液状化し、「経験」の蓄積なるものが意味をもたなくなっている事態である。そして、このような事態は教育の世界にもおよんでいる。それは「学習と教育が一種のシミュレーション（偽装）になってしまう」（松下良平、シンポジウムの発表より）という事態である。

ところで、このようにメディア革命が進み、世界のさまざまな事象が流通と蓄積に便利なデジタルな情報に翻訳され、編集され、縮約されて、回収されようとするとき、また電子メディアによって構築されたバーチャルな世界がお茶の間にまで進出するとき、それに抗するかのように、この人工的で無機的なデジタル情報と対極にある動物たちが、家庭や学校にだけではなく、機能的なオフィスにあるいは科学的な装置の並んだ医療の場に入り込み始めている。その動物の数は着実に増えてきている。

それだけではない。あのデジタルゲームの圧倒的な人気にもかかわらず、それでもなお子どもはまるで狩猟民のように、私たちの子ども時代と変わらず動物や鳥や昆虫にたいして大きな関心を抱き続けている。もちろんデジタルゲームやカードゲームのなかに、動物や昆虫たちが取り込まれているのだが、そのような取り込み方のうちに古代的な神話の反復を見ることさえできる。

もともと動物こそ人類の最初の魅力的な情報源であり、神話に表現されるように「世界」をとらえる思考の材料であるとともに、そのような思考の枠組みを侵犯し、たえず人間以上と人間以下という「他者」のイメージを供給し、また人間を原初の暗闇・畏れ・畏怖へと、あるいは優美の感覚・生命の歓喜へと、惹きつけてやまないものであった。いまも子どもを引き寄せてやまない「動物」をキーワードにすることで、メディア変容と子どもとの関係を、そして教育における現実と仮想現実との関係をとらえ直してみたい。まずそのために、人間にとって「現実」なるものがどのようなものであるかを、動物のそれと比較研究したユクスキュルらの哲学的人間学の研究から明らかにし、そのうえで今日の「現実」をめぐる事態を、ボードリヤールの研究から明らかにする。

2 環境世界論と現実‐仮想現実問題

環境世界論と人間学

まずはじめに現実‐仮想現実の関係を、これまでの人間学の理論から整理しておきたい[2]。いささか古いシンプルな理論だが、今日の動物行動学の基礎的理論であることにとどまらず、ハイデガーをはじめメルロ＝ポンティなどの思想にも大きな影響を与えたユクスキュルの理論からはじめたい。カント主義の生物学者ユクスキュルは、生物はどれも同じ世界に属しているのではなく、それぞれの生物のもつ感覚器官の数と種類とその能力、さらに感覚器官がある身体での配置のされ方によって、生物種固有の環境に生きていることを明らかにした。このような生物種に固有の環境のことを、ユクスキュルは「環境世界」と名づけた。ネコにはネコの環境世界があり、イヌにはイヌの環境世界があるというわけである。

ユクスキュルは、この理論を説明するのに、ダニを例にあげている。このダニには全身に光覚があるものの、目がなく、聴覚器官も味覚器官もない。感覚器官は、哺乳類の皮膚腺から流れでる酪酸の匂いの有無を判別できる嗅覚器官、取りついた獲物の毛のなかから確実に逃げだすことのできる触角器官、そして獲物が発する体熱に反応することのできる温度感覚といった、人間と比較すると、きわめて限られた数と能力の感覚器官しかない。ダニには酪酸の匂い以外の匂いは無意味であり、また色彩も不必要である。ダニの棲む環境世界のなんと貧しいことだろうか。しかし、この限られた感覚器官で環境世界を切り取り、限られた情報のみを意味（刺激）として受け取ることによって、この複雑で多様きわまりない世界のなかで、獲物の哺乳類動物に取りつき、吸血し、地面に落ちて産卵するという、生存と子孫を残すのに不可欠な行動を、確実に遂行することができるのである。このダニの棲みこんでいる世界、すなわちダニの「環境世界」は、私たち人間の生きている世界とは根本的に異なっているのである。

このユクスキュルの環境世界論を批判的に摂取して、「人間とは何か」について答えようとしたのは、「哲学的人間学」の創始者のひとりシェーラーだった。シェーラーは、「心的諸能力の段階系列」にしたがって、人間を植物層・動物層・精神層の三つの層としてとらえた。人間を特徴づけるのは、下部の階層によっては規定されることのない精神層である。シェーラーによると、人間は、ユクスキュルが描いた生物のように、生得的な本能によって環境世界につなぎとめられてはいない。人間は、環境からの刺激や誘惑にたいして、ばね仕掛けの自動機械のように、ただちにあらかじめ決められた反応を返すのではなく、精神の能力によって「否！」をいうことができるのだ。この環境にたいして距離をとる精神の能力において、人間は世界に開かれており（世界開放性）、自由に創造的に生きることが可能となる。またこの精神の能力によって、人間は現在の自己を超えていくアイロニーやユーモアを解することができるというのである。

このようなシェーラーの「哲学的人間学」は、伝統的なカトリックの教理の人間学的なバージョンのひとつといえなくもない。しかし、このとらえ方は、ユクスキュルの理論とともに、私たちに現実と仮想現実とをとらえ直す手がかりを与えてくれる。

人間にとって現実とは共同体において共有された仮想現実のことである

ユクスキュルは、人間もまた動物の一員として「環境世界」に生きていると考えた。たしかにすべての動物と同じように、人間もその感覚器官の数とその種類と能力によって制限された世界を生きている。私たちはミツバチのように紫外線を見ることはできないし、コウモリのように超音波を聞くこともできない。しかし、人間はそのような知覚のレベルで制限を他の動物たちと共有しているとともに、そのような制限のあることを知っているのだ。それは人間が環境世界に生きていると同時に、その環境世界の限定を抜け出していることを意味する。むしろ、その環境世界の外を生きられることが人間なのである。シェーラーが人間だけが「世界」に開かれているといったのはこのことである。

ところで、ヒトが人間化し環境世界から距離を取り始めた時点で、動物のような意味での環境世界＝「原初の現実」が人間から失われる。その意味で、どこかに不動で確実な現実なるものが存在することを前提として、何が現実なのか、そして何が仮想現実なのかと問うことは、人間を考えるうえでは間違っている。動物にとっての環境世界のように、出発点とするべき生得的な環境世界＝「原初の現実」にあたるものはそもそも人間にはないのだ。そして、そのような環境世界＝「原初の現実」からの連続性の切断こそが、人間にとって「現実問題」のはじまりであり、そして環境世界からの「距離化」によって、現実は所与の出発点ではなく、学ばれ獲得されるべき課題となったのである。その意味で、人間は何を現実とするのか、という問いを課題としている動物ということができる。「世界開放性」とは、そのような人間の課題としての現実の在り方を示している。

人間はこの環境世界からの距離化が生じたときから、その距離を埋めるために「真の現実」を求め、他の動物たちが決して経験することのない、「存在の意味」を探り求めるさまざまな試みをしてきた。言葉、記号の使用は、人間の生きる現実をさらに複雑なものに変えた。人間は感覚器官によって環境世界につなぎとめられるのではなく、言葉、記号によって「現実」を探し当て、物語ることでさらにその現実を他者と共有し、また自己で繰り返し反省して生きることになる。もっとも、近代以前において「個人」として生きることを強いられることのなかった多くの人びとは、現実の基盤を見失うことなく、共同体に共有された物語のなかに埋め込まれた物語で生きることができた。それは、「自伝」

が近代において出現したジャンルであることからも、理解できるだろう。

人間精神の歴史とは、そのような「真の現実」を求める歴史であった。歴史的に概観するなら、太古のように「神話」が現実の源泉のときもあれば、古代ギリシャ哲学のように「イデア」が現実の真の源泉のときもあり、西欧中世のように「神」がすべての現実の絶対的な源泉＝「絶対的真理」のときもある。また西欧近代のように「個人の意識」こそがすべて認識の立つべき堅固な現実の源泉であると宣言されることもあれば、「労働（経験）」こそが現実の源泉であることもある。こうした「現実の源泉」は、現実の基盤を求めようとする人間の探求によって創られたものであった。

たとえば、デカルトは現実の基盤を失うことがどれほどの恐怖であるかを、『省察』のなかで描いている。前日、デカルトはそれまでの常識にしたがって現実と見なしてきたあらゆるものに鋭い懐疑の目を向け、ひとつひとつつぶさに吟味したのだった。デカルトの破壊的な懐疑は、世間に流布している共同体の物語や既成の信仰を突き破っていくのみならず、自分を支えている自己の物語構造をも打ち破ってしまう。

「昨日の省察によって、私は多くの疑いのなかに投げ入れられた。それを以後も忘れることができず、いかにして解決すべきかも分からないほどである。あたかも渦巻く深みにいきなり引きこまれたかのように、私は気が動転し、底に足をつけることも、水面に浮かびあがることもできないありさまである」（Descartes 1641=2006:43）。

こうしてデカルトは、懐疑によって喪失した現実をふたたび取り戻すため、確実なアルキメデスの点を求め、省察を推し進め、ついにもはや疑いえない「コギト」に行き着くのである。

私たちの住まうこの世界は宇宙の中心なのか、そして私たちはどこから来たのか、といったことは、あれこれの情報などではなく、私たちの生きることの根幹にかかわる事柄であるが、そのような「存在の意味」を求める切実な問いにたいする答えは、このような「現実の源泉」から導かれてきたのである。

3 ポストモダンにおける現実 - 仮想現実関係の変容と教育の失調

「シミュレーション」の時代

人間の個々の現実を支える、あるいは個々の現実を生みだす「現実の源泉」は、個別の事象の現実を超えた、そして個別の事象の現実を保証する超越的な外部性を特徴としている。この「現実の源泉」は、個々の諸現象や諸事件の意味を説き明かし、その現実を保証する「大きな物語」であるといいかえることもできるだろう。このような近代の現実を支えてきた超越的な「大きな物語」の権威を喪失した状況、あるいはそれゆえに「大きな物語」に自覚的批判的になった状況こそが、「ポストモダン」と呼ばれている状況に他ならない。

ポストモダンにおいて堅固な認識の立脚点、大きな物語の権威が喪失する。リオタールは、この事態を近代を支えてきた「歴史」や「啓蒙」や「人間」といった「大きな物語」が失効する事態ととらえた。このような認識上の確実な立脚点を失うことによって、世界は確からしさを構築するゲームとなり、現実が記号化し浮遊することになる。ちょうどそれは遊びあるいはゲームのようになる。ソシュールは、記号表現と記号内容の定立とその結合の恣意性を明らかにしたが、それはたんに言語学上の発見にとどまらず、人間において「現実」なるものがいかに制度的なもの、あるいは構築されたものであるかの発見でもあった。

そのようなポストモダン状況を論じたボードリヤールの『象徴交換と死』(三〇年前に出版されたこのテクストの力は未だに衰えてはいない)によると、これまでの歴史には、それぞれの発展段階において、三つの「価値法則」が対応してきたという。ボードリヤールは、前近代・近代・現代という歴史の発展段階にしたがって、時系列で論述しているわけではないが、図式的にまとめるなら、前近代・近代・現代にはそれぞれに異なる「価値法則」が対応してきたという。

まず前近代であるが、前近代は価値が自然＝神の恩恵として生じる段階であり、その時代には「自然的価値法則」が対応している。それにたいして近代とは価値が労働によって生産される段階であり、労働は判別的で合理的な働きに由来するところから、価値は測定可能なものとなる。この時代には「商品的価値法則」が対応している。しかし現代では、この「商品的価値法則」では説明のできない事態が生じている。それというのも、労働と生産も、消費やコミュニケーション等と代替可能な記号として機能しはじめているからである。価値が自然や労働からではなくて、記号のコードから生じる「価値の構造的革命」が起こっているのだという。このような価値法則をボードリヤールは「構造的価値法則」と呼んでいる。彼の理論が私たちに重要な意味をもつのはここからである。

ボードリヤールは、「現実の記号化」の操作を「シミュラークル」と呼んでいる。つまりボードリヤールは「シミュラークル」という言葉で「現実」なるものがどのように立ち現われているのかを主題化しているわけである。ここでも、ボードリヤールは、このシミュラークルを価値法則の変動と対応させて、三つの歴史の発展段階（領域）に分けて論じている。まず第一の領域である「模造」は、ルネッサンスから産業革命までの「古典的」時代の支配的図式で、モノがオリジナルの自然を準拠として複製されるようになる。この領域は先に述べた「自然的価値法則」に対応している。それに対して第二の領域である「生産」は、産業革命時代の支配的図式である。モノは機械によって大量生産される等価物となり、オリジナルとコピーとの関係は等価となる。そして、この領域には「商品的価値法則」が対応している（Baudrillard 1976=1992:118）。

さらに、第三の領域の展開の果てに、「あらゆる形態を差異の変調にしたがって産みだす」モデルが登場することになる。このモデルは、記号のコードとして機能し、あらゆる現実のシミュラークルをオリジナルなしに産出し始める。例えば、生産の目的を奪われ、生産から影響をうけなくなった貨幣は投機的となる。「浮遊する」記号表現として制限となる記号内容から解き放たれた記号表現として、貨幣はゲームのような世界を作りだす。このような第三の領域のシミュラークルを「シミュレーション」と呼ぶ。このようにこの領域では記号は現実との対応関係から解放され、もはや現実を反映する必要のない純粋な戯れとなるのだ（塚原 2005）。この領域は先に述べた「構造的価値法則」に対応している。それは、これまで歴史のなかで繰り返されてきた、古い「現実の源泉」が失効したから、その代わりの新しい「現実の源泉」を求める、ということとは異なる事態といえる。確かな「現実の源泉」なるもの自体が無意味化するからである。これは歴史がこれまでにない新しい相に突入したことを意味する。

「シミュラークル」と教育変調の過程

ボードリヤールの図式に教育と教育学とを対応させてみると、このような「シミュレーション」の事態の到来によって、近代教育学は、それまでの学問的な立脚点と実践のよって立つ基盤とを同時に失うことが明らかとなる。

それというのも、近代教育はまずもって自然を準拠として複製された「表象」によって、教育をしてきたからである。近代の最初の絵入り初等教科書ともいうべきコメニウスの『世界図絵』がそうであるように、教科書は世界のなかから大人が当然知っているべき表象を選択し、カテゴライズし、編集したものであった。コメニウスらの企ては、ボードリヤールの「シミュラークル」の分類でいえば、古典的時代の支配図式である「模造」にあたるものである。ここには現実と記号との幸福な対応関係が存在している。そのような表象の原理が崩れるということは、教授の基盤が破壊されることになる。

もっともこのような表象の原理は、「シミュラークル」の産業革命以後の図式である「生産」によって脅かされてきた。同じものが商品として大量に生産が可能となった時代には、技術的複製によってオリジナルとコピーという二項対立的図式はもはや意味をなさなくなる。この商品的価値法則に基づく「シミュラークル」のなかで、確かな現実を子どもに「経験」させる必要があった。本（記号）の世界は現実ではない。記号と現実とは対応していないのだ。この事態に応答しようとしたのが、新教育運動における「経験」を重視する教育思想であった。それは労働と生産に寄り添いつつ、仕事（経験の典型）によって、子どもひとりひとりにオリジナルな現実を構築させようとする戦略だったともいえる。新教育運動の代表的な教育思想家デューイは、『学校と社会』のなかで次のようにいっている。

「人類が遂げてきたその歴史的・政治的進歩は、ひとえにこのような環境によって規定されている仕事というものをとおすことによって、はじめて可能であったのである。また、それらの仕事をとおして、人間は自然についての知的および情緒的な解釈を発達させてきたのである。わたしたちは、自分たちがこの世界のなかで、その世界と取り組んで為すことをとおして、その世界の意味を読みとり、またその世界の価値をはかるのである。……学校におけるこれらの仕事は、日常的な業務をたんに実際的に工夫したり、その様式を整えたりするにすぎないものであったり、調理師や裁縫師や、あるいは大工にするための技能の上達を習得するようなことであってはならないのである。そうではなく、自然の材料や自然な過程に対する科学的洞察力が活発になされる拠点であり、そこから子どもたちが、人間の歴史的発達の認識へと導かれるべき拠点であるのが、学校における仕事の意味するところなのである」（Dewey 1899=1998:78-79）。

現実を生みだすのは認識ではなく仕事である。しかし、学校でなされる子どもの仕事は、資本主義の仕事の目的である賃金のためではなく、ただ仕事がもつ現実を生みだす側面だけに純化される。たとえば、デューイは、子どもはまずもって記号による学習ではなく、仕事・作業による学習をすべきであるという。こうして産業社会における教育学では、「経験」がキーワードとなったのである。

しかし、今日では、この「経験」さえも、もはや現実を保証しはしなくなっている。構造的価値法則に基づく「シミュレーション」の時代となると、記号は現実とは対応関係をもたず、記号は他の記号との差異関係において増殖していく。記号は現実というオリジナルをもはや必要とはしない。労働は座標系ではなくなり、もろもろの記号のなかのひとつの記号となる。本章の冒頭に述べたような事態の出現である。そして、ここでは「経験」も記号の差異に置き換えられてしまう。そして身体さえもモノのように記号的差異として断片化し部分化されてしまい、もはや統一的な経験の母体たり得なくなり、そのため現実を生みだし支える立脚点とはならない。むしろ「現実」の失調は、さまざまな身体の失調として現れてくる。身体もまたイメージ・記号のうちに取り込まれているのだ。これは教育の従来の基盤の喪失といった事態といえる。「生きる力」を育成しようとした「総合学習」は、このような「シミュレーション」の時代に対応しようとしたものであったが、実践においては、後で詳しく述べるような「体験」を含んではいたが、その基本原理は、「経験」の教育思想を超えるものではなく、それゆえに今日の「現実」の危機に十分に応じることができていない（矢野 2006 参照）。

いずれにしても、このようなポストモダン状況における記号が浮遊する事態は、教育学と教育実践にとって危機的な事態として受け止められてきたのである。

4 溶解体験による現実‐仮想現実関係の変容

個人史における現実‐仮想現実関係の変容

ところで、人類の歴史がそうであるように、人間の成長発達もまたこのような現実の作り直しの過程に他ならないことは、いまさらいうまでもないことであろう。発達心理学が教えるところでは、私たちの時間観念や空間観念あるいは思考の仕方など、発達においてその構造が変わるといわれている。そして、近代以降の学校教育は、このような現実の作りかえに大きな影響を及ぼしてきた。教育は基本的に人間の「人間化」を促進するものである。そのため学校は何が現実であるかを、社会に共有された現実を軸にして教える機関である。学校の機能を語るときに使用されている「社会化」「発達」といった用語は、そのような学校における「現実」形成の性格をよく表しているといえるだろう。

しかし、教育を新しい社会への参入者に社会に共有されている現実を形成する機能に、還元することはできない。むしろ教育は二重の課題をもっているというべきである。ひとつは、先に述べた何が現実（社会）かを教えることである。もうひとつの教育の課題は、先に述べた社会に共有されている現実を否定して「新しい現実」へと導くことである。後者の「新しい現実」は、社会的な「現実」の方から見れば「仮想現実」と大変よく似ている。なぜなら、この「新しい現実」は、私たちが「現実」と呼んでいるものと異なっているだけでなく、社会的制度によってはなにも保証されないからである。しかし、この「新しい現実」への生の変容は、そもそも社会的次元の現実・仮想現実関係とは別の次元に位置し、むしろその変容が現実と仮想現実を立体づけてきた。それというのも、生きている感触なしには、現実も仮想現実も意味をもたないからである。

認識の経済学を侵犯するイニシエーションと「新しい現実」の誕生

近代以前においては、このような「新しい現実」は、イニシエーションという溶解体験によって生みだされた。その意味でいえば、たとえば、イニシエーションを体験することによってはじめて現実のものとなる「精霊の世界」は、精霊を信じない人間から見れば、そのような世界こそがまやかしであり、「仮想現実」の世界ともいえるものだろう。しかしながら、イニシエーションに参加した人間にとっては、イニシエーションにおいて目覚めたこの世界こそが現実であり、それまでの「現実」と見えていたものは、目覚めによってもたらされた「新しい現実」から見れば、虚ろな「現実の影」にすぎないのである。それは、プラトンの『国家』に描かれている、洞窟のなかで縛られて「現実の影」を見ている囚人にとっての「現実」のように、虚ろである。

それでは、なぜイニシエーションによって「新しい現実」が開かれることになるのだろうか。その理由は、イニシエーションの体験が死の体験であり、同時に生まれ変わりの体験だからである。もちろん、そのような体験は死そのものではなく、死の模倣（シュミラークル）ということもできる。しかし、死の体験は、世界との境界線を消し去り自己と対象との距離が失われる脱自＝エクスタシーの体験である。そして、ふたたび我にかえり自己が取り戻されるとき、人はそれまでの自己とは異なる自己へと変容＝変身する。世界はこれまでとは異なる新しい世界となる。たとえば、禅の公案に次のようなものがある。師は杖を振りあげて弟子の前に立ちはだかり、次のように厳しく問う。

この杖がリアルだと言えばお前を打つ
リアルでないと言えばお前を打つ
なにも言わなければお前を打つ

この問いを真面目に受け止めれば、弟子はどのように答えればよいのかわからず、立ち往生してしまうことだろう。常識にしたがえば、杖の存在はリアルに決まっているではないか。この公案は、リアルかリアルでないか、現実を作りだしている無自覚な判断の境界線をあらためて問い直し、「有」と「無」という根源的な概念をゆさぶり、そこから新たな現実への跳躍をうながしているのである。このとき、絶体絶命のダブルバインド状況が生起し、これまでの自己での対応が不可能になり、自己の解体が生じ、言葉によって作りだされた意味世界＝現実が非意味の世界へと突き崩され、現実が解体し、そして新たな現実が生成するのである。現実が解体した瞬間は、世界との距離を失うことだから、一見すると動物がそうであるように、環境世界に立ち返ることのように見えるかもしれないが、単純に動物の状態に立ち戻ることではない。環境世界への「否！」という否定による距離化が、再度、否定されることによって、動物には体験されることのない聖なる次元を体験するのである。イニシエーションの体験は、死に触れることで聖なる次元を体験し、「新しい現実」への「目覚め」を生みだすのである。

このような回心の体験においては、しばしば「目覚め」という言葉が使用されるが、「目覚め」る以前に「現実」だと思っていた世界は夢・幻想にすぎず、「目覚め」た後の世界こそが「現実」なのである。ソクラテスあるいは世界宗教の創始者たちは、「目覚め」た「新しい人」たちであり、さらに純粋贈与者として他者の「目覚め」をもたらす者たちであったことを思い出しておこう。

しかし、このような制度的イニシエーションは、一部の宗教的な修行の場を除けば、近代の共同体からはすでに失われている。もちろん入学式や入社式あるいは卒業式などを、制度化されたイニシエーションの今日的形態としてとらえることができるかもしれないが、それらはイニシエーションの儀式が形骸化したものにすぎない。それでは、このような出来事は「シミュレーション」の時代ではなくなってしまったのだろうか。そうではない。今日、私たちは、たとえば芸術作品をとおして、新しい現実を体験することができるのである。

知覚の経済学を侵犯するイニシエーションとしての芸術

今日における「新しい現実」をもたらすメディアのひとつは芸術である。それというのも、芸術はイニシエーションと同様に、体験する者に深い「溶解体験」を引き起こすからである。神話、歌、踊り、あるいは文様や像が、自然への通路を開き、自然へのかかわり方を方向づけ、また反対に、こうした原始の「芸術」は自然からもたらされたのである。近代において、宗教に代わるものとして「芸術」が登場してきたのは、理由のあることであった。「芸術」とは、近代以降におけるイニシエーションの一種なのである。

抽象絵画を例にとろう。たとえば、カンディンスキーの「コンポジションⅧ」と名づけられた絵は、はじめてその絵を見る人を戸惑わすだろう。カンディンスキーの絵は、色彩がフォルムをかたどる直前にふたたび色彩へと引きもどる、色彩とフォルムとの終わることない流動的な運動を引き起こしている。筆によって色づけられた多様な差異を呑み込んだ色彩は、たしかに面となり形をかたどろうとするのだが、その刹那、その色彩は形態となることを避けるかのように密度を変え、かたどろうとする力に反発し色彩そのものにもどる。線もまた同様である。線を引くことは世界を画することである。だから、線は意志を示し世界をかたどる。しかし、カンディンスキーの線は世界を画そうとする手前で線でなくなり、多様な色彩へと反転する。カンディンスキーの絵画の中心は、この二つの力が織りなす姿を臨界点まで見届けることにあるようだ。

このような絵に向かい合ったとき、私たちはどうするのだろうか。私たちの知覚は、世界に境界線を入れ、それを素早く確定し、分類し、安定するように訓練されている。いわば最小の努力で最大の利益・適応を獲得しようとする経済学に支配されているといってよい。日常生活では都合がよいが、これでは世界の深さを感じ取ることはできなくなる。それというのも、私たちの知覚は絵を前にしても、絵ではなく何が描かれているのか、描かれている対象を見てしまおうとするからだ。絵には、モノや人物や景色でなければ、心のイメージが描かれているはずだ、と考える。対応物（オリジナル）を探し求めようとする「この絵は何を描いているのですか？」という問いは、知覚の「経済学」からの問いだ。

カンディンスキーの絵は、そのような知覚の経済学を破壊する。そこには、知覚の経済学にサービスするリズムのあるフォルムの繰り返しやシンメトリーなどはなく、過剰なまでの多様な差異をもつ色彩が、形態化とせめぎ合いながら動いているのだ。カンディンスキーのような絵を見るときには、ゆっくりと時間をかけて知覚の経済学が破壊される悦びに身を委ねるのがよい。そうすると、何かを描いたわけではない美しい純粋な絵画が、絵画そのものとして立ち現れてくることになる。このとき、私たちの知覚が、生存と適応のためではなく、このときの豊穣な色彩そのものに出会うために与えられたことを、確信することになるだろう。

芸術は、このようにして私たちの知覚を侵犯し、安直な既存の知覚への回収を拒み、そのことによって新たな知覚の世界を開いてくれる。たしかに他の動物と同様、人間の感覚器官もその種類と能力は生物学的に限定されており、人間もまた環境世界に棲んでいるといえるのだが、人間はこのような芸術作品といった新たなメディアを自ら創造することによって、知覚の形態自体を新たに創造することができる。そのことによって環境世界を超えて世界の深さに触れることができる。

このような知覚の形態の創造は、誰にでも同じように起こるわけではないので、その意味でいえば、人間はこのようにして個別的に独自の「進化」を生きている「超動物」なのである。ひとりひとりが種としての固有の環境世界に閉ざされることなく、それぞれがあたかもひとつの固有の種であるかのように独自に進化しているのだ。とくに優れた宗教者や芸術家あるいは思想家は、そのような独自の進化の先端部として世界を切り開いてきたということができるだろう。だからこそ、世界は、理念的な意味で、限りなく深く無限に開かれているというわけである。

絵画に限定しても、それは、なにも抽象画のように限られるわけではなく、印象派の絵のように、今日、抵抗なく受け入れることのできる絵画も、それが誕生したときには見るものの知覚をゆさぶるものであったことはよく知られている。もちろん、すべての作品がいつでも誰にでも溶解体験をもたらすことができるわけではないが。

ところで、子どもにたいしてそのような体験の場を作りだしているメディアはいろいろとある。遊びもそうだし、砂場や鉄棒のような遊具・教具もそうだし、絵本などもそうだ。動物絵本というメディアを手がかりに、子どもと動物との関係について考えてみよう。

[5] 現実 - 仮想現実関係を侵犯する「動物という他者」

絵本のなかの動物

さて、私たちは、ようやく動物について語ることのできる場を見出すところまでやってきた。子どもにとって、動物とは一体何ものなのだろうか。なぜ子どもは動物にあれほど関心を寄せるのだろうか。それは、動物が子どもにとって「人間になること」の手段・手がかりであるにとどまらず、「人間を超えること」を可能とする「他者」であるからだ。つまり、子どもは、動物と出会うことによって、人間になるだけでなく、人間を超えた存在になることができるのである。

動物が、子どもにとって「人間になること」の手段であるという最初の命題を理解することは、それほど困難なことではない。古代において人間の思考を可能にしたのは、クマやオオカミといった野生の動物やさまざまな植物の存在である。神話を見ればわかるように、人間の思考を形づくるさまざまな枠組みの起源は、動物について考えることからはじまったといってもよいほどだ。人間は、自分たちと動物とのつながりと違いとを知ることによって、ヒトから人間へと変容したと考えると、動物は、人間が人間となるための不可欠な他者であったといえるだろう。これは人類史において、動物が人間の人間化をもたらしたプロセスだが、同じことは個人の発達においても生じる。しかし、動物が「人間を超えること」を可能とする他者であることを説明するのは、それほど簡単なことではない。

動物絵本を例にとってみよう。ポターの描くピーターラビットのように、動物が描かれた絵本の擬人法について考えてみればよい。絵本では、動物を私たちの仲間として、言葉を話し服を着て二本足で直立歩行をするものとして描く。擬人法とは、動物を人間に理解可能なものへと変えてしまう魔術的な手法である。私たちには、動物が人間のように名前をもっているだけで仲間に見えてくる。それでも、動物絵本では、動物性はさまざまなレベルで残されるし、また動物の種類の違いがそのまま目に見える特徴となるので、異なった性格をもつ人間の違いを表すのに適している。ネズミとゾウの二種類の動物を知れば、大きさのカテゴリーには困らない。そして、イソップが巧みに利用したように、ライオンの勇気、ネズミの智恵、キツネの狡猾を知れば、徳のカテゴリーにも困らないのだ。このようにして、動物を抽象的なカテゴリーの代わりに使用することによって、子どもは自己や世界を認識することができるようになる。

逆擬人法の絵本

しかし、もうひとつ別のタイプの動物絵本が存在する。最初のタイプの絵本の技法を「擬人法」と呼ぶなら、このタイプの絵本は、「逆擬人法」と呼ぶべき技法によって描かれている。このタイプの絵本に登場する動物には、「動物性」という人間には見とおすことができないものが保持されている。だからこそ、そのような動物との出会いが人間世界の外への扉を開いてくれる。このタイプの絵本では、人間は、認識においても、価値においても、世界の中心ではない。擬人法のように動物が人間の世界に理解可能なものに作りかえられて回収されてしまうのではなく、反対に人間の方が人間世界の外の世界の方に移ってしまうのだ。人間は、すべての動物と同じように風景の一部となる。宮澤賢治の文学作品が実現している世界は、言葉によって言葉の世界を超えるこのような逆擬人法の世界である（矢野 2002）。

たとえば、センダックの『かいじゅうたちのいるところ』では、主人公のいたずらな男の子は、かいじゅう島でかいじゅう（動物の極限の姿）と出会うことで、かいじゅうとなり、言葉を失い、ただ咆《ほう》哮《こう》するだけの脱自＝エクスタシーと歓喜の瞬間を体験する！　センダックは、この間の見開き六頁にわたって、言葉を一切入れず、男の子とかいじゅうとが戯れる姿を食《は》みださんばかりに画面一杯に描いている。それまでのこの絵本の展開のなかで、最初の頁から絵本の絵の周りにはつねに白い枠づけがなされており、この絵本の世界が物語の世界であるということを示してきたのだが、ここにいたってこの白い枠が失われることで、絵本のなかの物語世界とそれを見ている読者の世界との境界線が失われるのだ。このクライマックス（絶頂期）に読者の子どもをも襲う脱自の体験は、環境世界を生きる動物のように、世界と自分との境界が溶けてしまうような体験である。

このような溶解体験は、距離が喪失するので、言葉によってとらえることが難しいものだ。そして情報と対極にあり、情報として決して回収されないものである。子どもがしばしば「おお！」とか「ああ！」とか声をあげるのは、深い感動は言葉にはならないし、驚嘆しているときには言葉を失ってしまうからである。しかし、子どもはこうして自分をはるかに超えた野生の生命と出会い、深く溶解を体験することによって、有用性の秩序で作られている人間関係のなかではなく、自身をそれ自体存在することで価値あるものと感じることができるようになる。クラスのなかで友だちが自分のことをどのように評価しようと、あるいは親や教師が自分をどのように見なそうと、そのような人間集団のなかでの有用性にかかわる評価とは関係なく、この世界に在ることの悦びと不思議を体験し、在ること自体を価値とすることができる。

このように、動物絵本（仮想現実）に登場する動物たちは、現実・仮想現実の境界線を侵犯し、しばしば「人間を超える」という生成変容の体験をもたらす「他者」として登場してくるのである。そして、子どもはメディアとしての動物絵本によって、「人間になること（人間化＝発達）」だけではなく、「人間を超えること（脱人間化＝生成）」が体験されるのである（矢野 2002, 2008）。

しかし、このセンダックの『かいじゅうたちのいるところ』の優れているところは、それだけではない。それは、この動物絵本が子どもに動物となることの陶酔と歓喜とを体験させるだけでなく、その動物の世界にとどまらずもどってくることの大切さを描いているところである。そのままかいじゅう島に居続けると、子どもはかいじゅうになってしまう。だからこそ、子どもが家にもどろうとするときに、かいじゅうたちは、食べたいほど好きだからもどってくるように、というのである。このように、動物絵本は、動物と出会い深く動物になることと、動物の世界に呑み込まれずにそこからもどること、という人間の相反する二重の課題を生きる教えを表しているのである。

動物となること・動物と会うこと

動物絵本というメディアの分析をとおして、子どもと動物との関係について論じてきたが、この子どもと動物との関係は、なにも絵本のようなメディアを媒介にすることによって体験されるものだけではない。

子どもは動物と出会うことによって、人間と動物との境界線を認識するようになる。しかし、動物はそれ以上の存在である。いま、人間と動物との境界線を認識するといったが、この境界線は、明確な実線ではなく、たえず振動し破れる可能性をもった危ういものである。だからこそ、動物は両義的な存在であり、動物は一方で汚らしく野蛮で忌避すべきものであると同時に、他方で優美で生命を感じさせ野生の魅力に満ちたものでもある。また動物性がもたらす戦慄や驚異は、日常的な世界を超えた驚嘆を生みだすのである。

アリやチョウ、カエルやヘビ、イヌやネコ、トリやサカナ、そしてゾウやキリン、子どもは野生の存在と出会うことによって、動物との境界線を超えでて、あたかも動物のように世界との連続的な瞬間を生きることができる。チョウを追いかけている子どもはチョウとなっている。クマと出会った子どもはクマとなる。子どものミメーシスの力は、ちょうどシャーマンのように生成変容を可能にする。そのとき世界のうちに溶けることによって、イニシエーションほどの深度はなくとも、子どもは生命に十全に触れることができるのだ。その意味で、動物は人間の意味（記号）の世界の外に触れる体験を生みだす他者なのである。子どもを描いた文学作品には、しばしばこのような動物との出会いが描かれている。

フランスの作家ユベール・マンガレリは、『おわりの雪』という作品で、トビを飼いたいと思い、その資金を得るために、ペットの処分に困った大人から頼まれて子ネコ殺しからイヌ殺しまでしようとする少年の姿を描いている。この作品は「トビを飼いたいと思ったのは、雪がたくさんふった年のことだ。そう、ぼくは、その鳥がどうしてもほしかった」という書きだしで始まる。子どもには動物がどうしてもほしいときがある。それが動物殺害というおぞましい事件と結びついてもだ。このようなかけがえのない動物との出会いと動物殺害とを描く『子鹿物語』の系列の児童文学は、どうしてこれほどあるのだろうか。あるいは、スティーブン・キングの自伝的小説『スタンド・バイ・ミー』の主人公の少年は、三人の少年たちと死体を探す冒険にでるが、その翌日の早朝、ひとりで偶然に森のなかでシカと出会うことになる。少年はその美しい宝物のような瞬間を、決して誰にも話すことなく、ただ自分ひとりだけの大切な秘密として生きる。なぜ野生の動物と出会うことが、そのような人生の特別な一瞬となるのだろうか。

共同体（意味の世界）の外部へ

言葉をもたない動物との深い交流は、たんなる癒しなどにとどまらず、言葉によって作りだされる自己と世界との距離を破壊する。動物は言葉をもたないので、より直接的に子どもを人間の世界のその底の生命の世界へと開くことになる。このとき、動物は、子どもに有用な経験をもたらす手段などではなく、経済学に支配された有用性の世界を破壊し、共同体の生を超える導き手としての「他者」である。言語ゲームを共有しない他者としての動物の出現によって、言葉（記号）の世界は侵犯され、言葉（記号）に回収されない「新しい現実」が、ただならぬ力をもって出現するのである。

それは「経験」のように目的‐手段関係という有用性の関心が支配するざらざらした大地に立ちもどり、そこに確かな現実の基盤を見出そうとすることではない。あるいは、浮遊する記号の差異に自己を同化しどこまでも遊戯的に生きることでもない。それは有用性への通路をもたない無為・無用の「体験」のなかで、饒舌な自己の語り直しを必要としない沈黙を（矢野 2000b）、また「おお！」とか「ああ！」とかの根源語でしか言いあらわすことのできない生を（矢野 1998）、あるいはまた動物的オノマトペの「ゴロゴロニャーン　ゴロゴロニャーン」（長新太『ごろごろにゃーん』より）といったように物語として要約できない共約不能な瞬間の反復を（矢野 2005）、生きることである。

ボードリヤールは、構造的価値法則に基づく「シミュレーション」の時代において、ソシュールの「アナグラム」やフロイトの「死の欲動」のように、等価交換と節約とを基本原理とする経済学に回収できない過剰なものが、「等価交換と生」を基調とする現在を侵犯し、「死を念入りに取り戻すこと」すなわち「象徴交換と死」を出現させると考えたが、「動物」は、この「アナグラム」や「死の欲動」と同じ位相に存在するのである。子どもという過剰な存在は、動物と出会い動物となることで、より深く過剰な存在となることができるのである。

こうして、子どもは動物と出会うことによって、動物性を否定しどこまでも高く「人間になること（人間化＝発達）」と、人間化した生をさらに否定してどこまでも深く「人間を超えること（脱人間化＝生成）」という二重の課題を生きることができる。社会に共有されている現実を学ぶとともに、その社会的な現実を否定し「新たな現実」に開かれもする。これがデジタルな時代においても、子どもがどこまでもディープな狩猟民であり続けている理由ではないだろうか。

（やの・さとじ）

【註】

1　本稿は、二〇〇六年八月二四日、東北大学で開催された第六五回日本教育学会の公開シンポジウム、「ITの時代における教育学」での私の発表「メディア革命を生きる狩猟民――他者としての動物」をもとに、同シンポジウムでの松下良平氏の「シミュレーションとしての学習と教育――電子メディア、自己、契約としての教育」で提起された問題に応答すべく、全面的に書き直したものである。

2　レヴィによれば、現実（real）‐仮想現実（virtual）の対ではなく、actual-virtual、real-possiblen の対としてとらえられる（Lévy 1995=2006）。しかし、本章では日常的な言語使用にしたがって現実‐仮想現実の対で議論を進める。

【文献】

今井康雄　2006「情報化時代の力の行方――ウィトゲンシュタインの後期哲学を手がかりとして」『教育学研究』第七三巻二号。

古東哲明 2005『他界からのまなざし――臨生の思想』講談社。

作田啓一 1993『生成の社会学をめざして――価値観と性格』有斐閣。

作田啓一 1995『三次元の人間――生成の思想を語る』行路社。

塚原史　2005『ボードリヤールという生きかた』NTT出版。

中沢新一 2006『芸術人類学』みすず書房。

野田研一 2007『自然を感じるこころ――ネイチャーライティング入門』筑摩書房。

矢野智司　1998「非知の体験としての身体運動――生成の教育人間学からの試論」日本体育学会『体育の科学』第四八巻一〇月号、杏林書院。

矢野智司　2000a『自己変容という物語――生成・贈与・教育』金子書房。

矢野智司　2000b「生成する自己はどのように語るのか――自伝の教育人間学序説」やまだようこ編『人生を物語る――生成のライフストーリー』ミネルヴァ書房。
矢野智司　2001「子どもの前に他者が現れるとき――生成する物語としての賢治童話」藤田英典・黒崎勲・片桐芳雄・佐藤学編『教育学年報』第8巻、世織書房。
矢野智司　2002『動物絵本をめぐる冒険――動物‐人間学のレッスン』勁草書房。
矢野智司　2006『意味が躍動する生とは何か――遊ぶ子どもの人間学』世織書房。
矢野智司　2005「子どもの物語はどこから力を得ているのか――宮澤賢治の『雪渡り』におけるオノマトペの力」『別冊子どもの文化』第七号、子どもの文化研究所。
矢野智司　2008『贈与と交換の教育学――漱石、賢治と純粋贈与のレッスン』東京大学出版会。
Cobb, E. 1977 *The Ecology of Imagination in Childhood*. New York: Columbia University Press. = 1986 黒坂三和子・滝川秀子訳『イマジネーションの生態学――子供時代における自然との詩的共感』思索社。
Baudrillard, J. 1976 *L'échange symbolique et la mort*. Paris: Éditions Gallimard. = 1992 今村仁司・塚原史訳『象徴交換と死』筑摩書房。
Baudrillard, J. 1999 *L'échange impossible*. Paris: Éditions Galilée. = 2002 塚原史訳『不可能な交換』紀伊國屋書店。
Descartes, R. 1641 *Meditationes de prima philosophia*. = 2006 山田弘明訳『省察』筑摩書房。
Dewey, J. 1899 *The School and Society*. Chicago: University of Chicago Press. = 1998 市村尚久訳『学校と社会・子どもとカリキュラム』講談社。
La Fontaine, J.S. 1985 *Initiation Ritual*. Manchester, UK: Manchester University Press. = 2006 綾部真雄訳『イニシエーション――儀礼的〝越境〟をめぐる通文化的研究』弘文堂。
Lévy, P. 1995 *Qu'est-ce que le virtuel?*. Paris: Editions la decouverte. = 2006 米山優訳『ヴァーチャルとは何か？――デジタル時代におけるリアリティ』昭和堂。

Louv, R. 2005 *Last Child in the Woods: Saving Our Children from Nature-Defcit Disorder*. Boston: Houghton Mifflin. = 2006 春日井晶子訳『あなたの子どもには自然が足りない』早川書房。

Uexküll, J. J. v. und Kriszat, O. 1970 *Streifzüge durch die Umwelten von Tieren und Menschen*. Frankfurt am Main: Fischer. = 1973 日高敏隆・野田保之訳『生物から見た世界』思索社。

第3章

「学力」をどうとらえるか
――現実が見えないグローバル化のなかで――

今井康雄

〈概要〉

1990年代以降、日本における学力概念は、「グローバル化」といわれる社会変容を背景として生じたものではないだろうか。本章では、戦後日本の学力概念の変遷をたどりながら、現代の学力論争の社会的な位相を描いてみたい。まず最初に、1「教育哲学における『学力』論議」において、教育哲学において学力がいったいどのように議論されてきたかを、簡単にまとめたい。次に、2「学力論争の二つの波」のところで、戦後の学力論争を私なりにまとめるとどうなるかを示したい。そして最後に、3「『学力』概念の位置」のところで、学力概念をどう位置づけられるかについて、2の議論を参考にしながら考えてみたい。

1　教育学における「学力」論議

教育哲学という学問は、振り返ってみると、学力に対してかなり冷淡であった。冷淡とはどういうことかというと、たとえば、次に挙げる宇佐美寛の議論である。

「『学力とは何か』という問いは無意味である。『何を「学力」と呼びたいか』という問いが、意味があるだけである。そしてこの問いには何とでも答えたいように答えればいい」(宇佐美 1978: 139)。

もっともこれだけ引用するのはフェアではなくて、この引用に続けて宇佐美は、何を学力と名づけてもいいのだけれども、そう名づけた以上は学力ではないものは何かということを考えなくてはいけないという。だから、学力にどういう意味を盛り込むかではなく、学力にまつわるさまざまな概念のネットワークを作ることが実は重要である、学力と学習の関係とか教授の関係とか、そういったネットワークを作ることが大事だ、と主張する。

次は、二〇〇二年に教育哲学会における松下良平と加賀裕郎の議論である。まず、松下は次のように述べている。

「学力は学習する側から見た私財としての側面と、国家の側から見た国家に有為な財としての側面とが均衡を保つところに成立する能力である。その意味で学力論を貫いているのは、国家主義と個人主義の言語にほかならない」。「子どもたちの身体や感性が学力論の枠組みを拒否しつつある」(松下 2002: 20, 24)。

これは、学力に関するイデオロギー批判的な視点だといってもいいだろう。次に加賀の議論へいこう。

「『学力とは何か』が問いとして成り立ちえたのは、論争する諸派に特定の社会的、思想的脈絡が不問の前提として共有されてきたからである」(加賀 2002: 30)。

「特定の社会的、思想的脈絡」というのは、私なりに補うと、科学が真理を表象するとか真理が人を自由にするといった近代的な信念であるが、この加賀の主張によれば、そういう共有されてきた信念がもうなくなり、「学力とは何か」という問いが成り立ち得なくなっている。これは学力の思想史的な批判になっているといえるだろう。

ところが、教育哲学よりも大きな広がりである教育学という学問全体においては、「学力」は中心的テーマの一つであり、「学力論争」といわれるような議論が行われてきた。この学力論争には、私は戦後大きく二つの波があるのではないかと考えている。「敗戦後」の波と「冷戦後」の波である。とくに最初の波のところでは、東大系や東京教育大系の教育学が非常に大きな役割を果たしてきた。

[2] 学力論争の二つの波——敗戦後と冷戦後

敗戦直後の「学力低下」論

最初の波は、敗戦直後に「学力低下」が取りざたされ論争になったことである。これは、今の学力論争とよく似ている。読み書きとか計算の成績が戦前に比べて落ちているという調査報告が出され、学力低下への懸念が高まり、なぜ学力が低下したのか、子どもに読み書きを中心とした基本的な部分を教え込まないで、子どもの生活を重視するとか自主性を重視するとかと主張した新教育がまずかったのではないか、という新教育批判が展開された。他方で、いや学力の定義が違う、新教育は新しい学力を育てているのだ、という新教育擁護論も主張され、ほとんど現在と構図が変わらないような学力論争が展開された。

〈生活と科学〉の構図

この「学力低下」をめぐる論議は、では「学力」とは何なのか、という考察をうながした。「学力」の概念をめぐるそうした考察は、大体一九六〇年代の前半に——これは私の言葉であるが——新教育の流れをくむ〈生活〉派と、新教育批判の流れをくむ〈科学〉派の対立的共存に至って安定を見る。つまり、「学力」あるいは教育課程の基盤を〈生活〉に置くか、それとも〈科学〉に置くか、この二つの大きな考え方が対立して、それが拮抗するかたちでがっぷり四つに組んで安定したという感じになる。その〈生活〉派を代表するのが広岡亮蔵であり、〈科学〉派を代表するのが勝田守一である。

さらに一九七〇年代に入ると、勝田の代表していた〈科学〉派のなかで原理主義的な方向と折衷主義的な方向が分かれて、〈科学〉派のなかに入れ子的に〈科学〉派と〈生活〉派が分離する。これが「態度主義論争」といわれるものである。これは〈生活と科学〉という構図の根強さを示しているものではないだろうか。〈科学〉一元論ではなかなか突き進めない、どうしても〈生活〉と〈科学〉に枝分かれしていってしまうというパターンを見ることができるだろう。

1　広岡亮蔵の学力論

まず、広岡亮蔵の学力論を見てみよう。

「なるほど知識・技能が学力の端的な指標であり、測定可能であり、しかも直接に手を下して形成しうる能力であることは確かである。（…）しかし子どもの学力をみるときに、知識と思考態度とは必ずしも相伴うものではなく、思考態度の抜けた結果主義の知識が、決して珍しくはない。（…）だから思考態度を学力構造のなかに積極的に位置づけて、知識と態度との相伴をはかることは、大いに大切であるとおもわれる」（広岡 1964: 25）。

広岡は、「思考態度」の抜けた結果主義の知識というのは学力として不毛だと主張しているが、この引用の最初のところで述べているように、やはり測定可能・形成可能な知識、技能というのが「学力の端的な指標」であると認めている。つまり、結果としての知識を全く無視しているのではないが、どちらかといえば「思考態度」の不可欠性に重点を置くという主張である。

2　勝田守一の学力論

それに対して、勝田守一は次のようにいっている。

「学力というのは、そこでなによりも、次のようにいうことができます。まず、それは計測可能な到達度によってあらわされる学習によって発達した能力だ、ということです」。「計測されたものが、学力なのではなくて、成果が測定可能なように組織された教育内容を、学習して到達した能力だと考えられるから、計測に意味があるのだということです」（勝田 1972（1965）：350）。

勝田の学力論は、測定可能性ということを非常に重視して、しかも教育課程として組織された教育内容を教えて、その結果として出てきた能力を学力と呼ぼう、という主張である。この主張には、態度とはいったん切り離して、認知的な部分に学力の概念をできるだけ限定しようという立場が見いだせる。ただ勝田も、態度とか意欲を全く無視しているかというと、そうではない。

「私は学力というものを以上のようにせまく規定しながら、他方では、子どもがおかれている現実の状況や環境（これを生活とかりによびます）について教師が認識と洞察をもち、それをふまえて、子どもたちの学習意欲を育てていく努力は必要だと考えます」（勝田 1972（1965）：378）。

ここに示されているように、「生活」という側面も重視すべきである、それがまた上で述べたような意味での学力を強くすることにもつながる、と述べている。

したがって、広岡も勝田も、一方で科学的な内容を教えるということが学力の基盤であるといいながら、態度あるいは生活も大事、学習意欲も大事というわけで、〈生活〉と〈科学〉のどちらに重点を置くかという違いだといってもいいかもしれないが、ともかくそのどちらに重点を置くのかという大きな対立軸が出てきている。

3 「態度主義論争」

さらに、勝田に影響を受けた人びとの間で、「態度主義論争」といわれる論争が起こってきた。これは、あとで参照する佐伯胖が述べていることであるが（佐伯 1982: 8）、勝田が強調した「計測可能性」という概念があいまいだったことがこの内部対立の遠因になっているようである。対立の一方の代表、「態度」を「学力」に包摂しようという〈科学〉派内〈生活〉派の代表として坂元忠芳がいる。坂元は「結果としてあらわれる学力は（…）未知のものを『わかろう』とする能力や意欲、さらに現実にそれを適用しようとする能力とかかわって形成される」と述べている（坂元 1973: 22 以下）。「『わかろう』とする能力や意欲」のような態度的なものがどうしても学力の基盤にある、それを育てなくてはいけない、という。そして、勝田も実は学力のそうした側面を取り出そうとしていたのだと、自分の見解を勝田の学力論によって根拠づけている。

「勝田は、学習内容の合理的組織化によって到達しうる学力のうち、基本的な知識や技術・技能やある種の特殊な能力などと、測定困難または不可能なものとを区別しながら、その相互の連関を明らかにすることを課題としていたのである。(…) 勝田はこのようにしていったん分離した学力と学習目的、価値観、またそれと切り離せない態度・学習意欲との関係をあらためて問題にし、教育実践におけるこれらの結合を追求しているのである」(坂元 1976a: 489 以下)。

このような坂元の主張を「態度主義」といって批判したのが、藤岡信勝である。彼も勝田、それからすぐあとに触れる中内敏夫の学力論を参照している。

「われわれはこれら (勝田、中内) の成果に学んで、われわれの学力規定を、／『成果が計測可能でだれにでもわかち伝えることができるよう組織された教育内容を、学習して到達した能力』／としたいと思う。(…) われわれの規定によれば、『成果が計測可能でだれにでもわかち伝えることができるよう組織された教育内容』でないようなものは、子どもが習得しているかどうかを問う以前に学力とみなされる資格を失う」(藤岡 1975: 36f.)。

この両者の対立から微妙に距離をとったところに中内敏夫の学力論があって、これは態度に当たる部分を「習熟」という概念でとらえていこうという試みだったといってもいいだろう。この中内の定義もけっこうよく引用されたり、影響を与えたりしたもので、彼は「学力は、モノゴトに処する能力のうちだれにでも分かち伝えうる部分である」、また「学力は、範疇・知識・習熟の三要素からなる」（中内 1976: 54, 59）といっている。この「分かち伝えうる」ということ、教育課程として組織されていて伝達可能であるということが、やはり「学力」ということを考える場合に重視されている。〈生活〉派と〈科学〉派の対立を越えて、また〈科学〉派内の立場の違いを越えて、一貫して重視されている。このことについては、あとでルーマンの論と関連づけてもう一度考えてみたい。

4 「学力」批判

もう一つ、「学力」そのものに対する批判もあって、これは先ほどの松下の論にちょっとつながっていくというか重なるような、学力に対するイデオロギー批判的な態度・主張である。

「いわゆるパス・ポート《ママ》としての学力、つまりてっとり早く、問と答とをつなぐ技術、簡単にいえば暗記術のようなもので、問と答とを安直につなぐ仕方、やり方が、教育過程をのりとるということがおこっているのである」（大田 1969: 162）。

ここに挙げたのは大田堯の言葉であるが、「問と答とをつなぐ技術」としての「学力」が現実には教育全体を規定していてこれは非常にまずい、という。これは「学力」概念の実質的機能に対する批判である。しかし、「学力」そのものを全否定するかというとそうではない。大田も、やはり望ましい学力を構想している。

「学力というのは、文化と遺伝形質、人間の歴史的社会的経験と生理的成熟との相互関係のもとで形成されるひとまとまりのダイナミックな（発達しつづける）創造的な適応システムのことをいうのである。このことからしても原因も可能性も見通すことなしにただ一定の問題に対する解答、アチーブ（到達点）の成績だけで学力の判定をすることがまことに一面的なものであるか《ママ》は明らかであろう。学力は個々の子どもに内在する実体ではなくて、生きた過程として理解されなくてはならない」（大田 1969: 151）。

こういうふうに、理念としての「学力」を立てて、そしてそれに対置されるのが、「アチーブ（到達点）／成績」として測られるような「学力」ということになる。勝田は「計測可能性」ということを強調したが、逆に、点数として指標化される学力というようなものは本当の意味での学力ではないという主張も、かなり強固なものとして教育学のなかにあったといえるだろう。

一九五〇―七〇年代の学力論のまとめ

以上を簡単にまとめまると、まず、子どもが導き入れられるべき現実というものをどう見るかが論点としてある。それについての見解が〈生活〉派対〈科学〉派というかたちで拮抗しつつ安定した構図に落ち着くことで学力論も安定した、といえるだろう。

これは私の仮説であるが、学力論争の出発点にある「学力低下」という不安は、現実が見えないという大人の側の混迷が子どもの側に投射されて生じる現象として解釈できるのではないだろうか。というのも、敗戦後、これから来る現実がいったいどうなるのかというのがわからなくなっていたからである。戦前までの強固な国家主義的な現実が雲散霧消し、将来いったいどういう社会にわれわれが生きるのか、混迷状態に陥っていた。そこでいったいどこに、どういう現実に子どもを導き入れていいのか、わからなくなってきたという不安が、子どもに投射されるかたちで「学力低下」ということがいわれるようになったのではないだろうか。冷戦後もそうである。一九九〇年代以降、われわれも今、いったい将来、子どもはどういう現実のなかで生きることになるのかというのが、わからなくなってきている。そのために、その不安が「学力低下」というかたちで子どもの側に投射されているという可能性もあるのではないだろうか。

次に第二点であるが、学力論は学力による選抜という現実と取り組まざるを得ない。その取り組みは、「学力」の領域から選抜をできるかぎり排除するという方向に向かう。これは大田の批判がまさに典型的であるが、勝田の議論も、やはり文部省がやった学力テストに対する批判として、しかしその測定というものを全部排除するわけにいかないから、選抜と序列化のための点数化をどうやって避けるかというモチーフをもって提起されたものだといえるだろう。つまり、点数評価を教育の側に取り戻す、そのことによって一面的な選抜機能から学力を何とか救い出すというモチーフがあったと思われる。ここにも学力の領域から選抜というものをできるだけ排除するという方向が認められる。

ここにいささかジレンマがあるといえるだろう。これがまとめの三点めであるが、これまで見た全員が〈学力とはこれこれの能力である〉と、そう定義している。とすれば、学力をつけさせるということを追求した場合、それは伝達される教育内容が子どもに「能力」を装備することにつながるということを前提にするわけであるが、まさにこの「能力」が選抜に利用されるというジレンマに学力論は苦しんでいる。それが「学力」に対するアンビバレンスを生んでいる。一方で非常に望ましく追求すべきものでありながら、他方で点数化が不可避であって批判しなくてはいけないものという——これは大田の議論に典型的かもしれないが——「学力」という概念そのものに対する愛憎並存したアンビバレンスが教育学のなかに醸成されていったということである。

節目としての佐伯胖『学力と思考』(1982)

「学力」についての戦後の議論をずっと見ていくと、佐伯胖の『学力と思考』という一九八二年に出た本が一つ節目になっているように私には思える。というのも、『学力と思考』における佐伯の学力論は、〈生活と科学〉という現実構想の枠内で安定を見いだしてきた七〇年代までの学力論とは非常に異質だからである。佐伯の学力論は、〈科学〉であれ〈生活〉であれ、教育の外部に想定された現実を出発点にするのではなく、子どもの認知プロセスから出発して学力論を組み直そうとしたものだからである。

これも私の思弁的な仮説であるが、この背後には、〈科学〉や〈生活〉が現実としての信憑性を失いつつあるという事態を見ることができるのではないか。それまでは、〈科学〉が現実を表象してくれている、真理を表象してくれている、だからそれを学ぶことによって子どもは自分が生きるべき現実がどういうものであるかということを理解できるだろう、という信念、あるいは労働を中心とした〈生活〉が子どもの背後にあって、そこから出てくる問題を解決するのが学校の教育課程が最終的に目指すべき目標だという信念、そういう信念があって、これが相当受け入れられていた。ところが、そういう〈科学〉とか〈生活〉が現実としての信憑性をだんだん失いつつあるのではないか、ということである。そのことを認めたうえで、さて、では「学力」というものをどう考えたらいいか、という議論に佐伯のこの本はなっているように思う。

認知プロセスの重要性

この本はいろいろな影響力を持った本であり、実際、とても面白いことをいっている。「『認識能力』なるものを想定することはとうてい認められないのである。子どもの頭の中にあることは、ああいうことやこういうことについて『知っている』『わかっている』『できる』というような知的性向であり、そこには別段、能力というような一般的な『力』が宿っているわけではないのである」（佐伯 1982: 17）。

ここで佐伯は、「能力というような一般的な『力』が宿っているわけではない」といっているが、私たちがこれまで見てきたところでも、すべて「能力」ということが、つまり「学力」は一つの能力だということが、自明のことのようにずっと語られてきている。ところが、そういう「能力」という一般的な「力」が頭の中に宿っているわけではないといっている。どういうことかというと、「能力」といわれてきたものが決して一般的にあるものではなくて、何かができるとか知っているということは、その「何か」、つまり課題とか状況に依存したものである、状況依存的なものだという基本的なアイデアがここにある。これが一つ、これまでの学力論に対する大きな批判点になっている。

もう一つ、これまでの学力論というのは科学を教えるとはいってきたけれども、ずいぶん抽象的なレベルでそれをいってきたのではないかという批判がある。

「従来の教科内容の研究が、科学として確立した知識の構造化にはたいへん力を入れてきたが、それらを認識していく理解のプロセス、特に、子どもがもつ既存のスキーマとのかかわりに関する研究はきわめて遅れているといえよう」（佐伯 1982: 21）。

これは、科学というものを教えれば、それで子どもに学力がつくという、ナイーブな考え方に対する批判になっていて、それに対して、認知プロセスを重視するという考え方になっている。

1　「納得」「真実性感覚」の重要性

その認知プロセスを重視するというときに佐伯がとくに重視するのは、「納得」や「真実性感覚」というものである。

「『ほんとうだ！』という真実性感覚の重要性、むしろ『ほんとうかな？』と問いつづけるプロセスの重要性といったほうがよいが、そのような認識過程が意義化と納得にとって不可欠であること、いや、むしろ意義化と納得の真の中心的プロセスであることを明らかにしていきたい」（佐伯 1982: 108）。

これに対して、そういう「納得」とか「真実性感覚」を避けてしまう、素通りしてしまうやり方があって、これを彼は厳しく批判している。

「意義化を避ける方略が『枠組み』の設定」だとすれば、「納得を避ける方略」は「一切の知識を『やり方』の集合とみなし、その『やり方』そのものの根拠をあえて問わない考え方である」。「手順の徹底というのは、一見するとものごとをスムースに運ぶための最良の策のように見えるが、実は、納得を回避しているかぎり、結果的には遠まわりをしていることになっていることが多いのである」（佐伯 1982: 89, 91）。

こういうふうに、教育内容を手続きに解消してしまうやり方に対して彼は非常に厳しい。私がこれを出したのは、その後の学力論が、一方で佐伯のこの認知プロセスを重視するという方向を受け継ぎながら、他方で、まさに佐伯がここで批判しているような方向に行ってしまっているのではないか、一般的な「力」が存在しているわけではないとか、あるいは納得が重要だとかという考え方を充分に生かしていないのではないか、という印象があるからである。

2 「四本足のニワトリ」をめぐる論争

この佐伯の立場の独自性、それまでの学力論と非常に違うところをよく示している面白い議論がある。それは「四本足のニワトリ」をめぐる論争である。これは、自分の生徒にニワトリの絵を描かせたら、四本足のあるニワトリを多くの子どもが描いたというので、非常にショックを受けた人がいて、これはどうなっているのだ、という議論である。この議論についての、坂元忠芳、藤岡信勝、佐伯胖の三人の解釈が実に対照的である。その違いが、それぞれの学力論の性格を明瞭に示している。

まず、坂元の議論では、地域に起こっている子どもの能力のゆがみや、子どもの生活における直接的体験の減少が根底にある、というような枠組みで問題がとらえられていて、〈生活〉派の面目躍如といったところがある。

「地域におこっている子どもの認識能力とその他の諸能力の衰弱やゆがみの問題に対して学校教育はどうたちむかうか。この問題はまさに現代における最大の教育的課題の一つである。学力の形成と生活のたてなおしとの関連も、この課題のなかに位置づけられている。そのような観点からみればニワトリの四本足の問題も藤岡氏とは全く違った見方でとらえることができる。／例えば箕田源二郎氏は、四本足のニワトリの問題から出発して、子どもたちが現在、発達のごく初めの時期から直接的な体験の世界が非常に少なくなり、それに対して間接的な『映像』『画像』による体験の世界が優先していることをあげ、それは子どもの発達にとってゆゆしい事態だと述べている。ここでは四本足のニワトリの問題は、現実をありのままに感覚する能力の衰弱の問題として箕田氏によってとりあげられている」（坂元 1976b: 187）。

次にここで坂元が対置している藤岡の議論では、生活体験がどうしたといったことは何ら問題ではない、脊椎動物の進化という科学的な知識を教えるのが重要なのだといっていて、これを見ると、〈生活〉派と〈科学〉派の対比が大変よく出ている。

「一度でもこういう（進化史という）観点から魚のひれを観察したり、ニワトリの足や羽のことを考えたりすることがあれば、決して二本か四本かと迷うことなどなくなるだろう。悲しむべき点は、四本足のニワトリを描く人がこんなにもいるということなのではない。ニワトリの足が二本か四本かという事実的知識そのものは、肉屋になるのでもない限り、極端に言えばどうでもよいことである。（…）ニワトリの足の数を知っているというようなことは学力には入らない。そうではなくて、脊椎動物の進化についての前記の知識こそが学力というに値する」（藤岡 1975: 39）。

では、佐伯はどういっているかというと、まず〈生活〉派に対する批判である。

「『現物に触れない』で『映像』にたよることが、子どもたちにどのような意味で歪んだ認識を与えうるかは、個別的に注意深く調べなければ何ともわからないことで、ニワトリの話がその証拠としてあげられるかについてはさらに疑問である。四本足のニワトリ問題も、現物をみたことがあるか否かの話で説明できるかどうかは疑問である」。「認知心理学的にいうならば、『映像』や『絵』を通した情報が『現物』より劣るとか、認識力を弱めるとかの議論を、それによって獲得すべき知識の内容を離れて一般的に断定するのはまったくのナンセンスである」(佐伯 1982: 18, 20)。

ここには、生活のリアリティが直接に学力とか思考を支えているのではなく、「現物」も「映像」や「絵」と認知プロセスにとっては等価である、そういう見通しが出ているといってよいだろう。次に、〈科学〉派に対しては、次のように述べている。

「四本足のニワトリ問題を認知心理学的に解釈して一番ありそうなことというのは、ロッシュ[Rosch, E.] らの実験的研究で知られているような『典型による概念理解』の表れではないかと思われる。／すなわち、ニワトリやイヌ、ウマなどはすべて『家畜』の典型例である。鳥類という意識よりもさきに『家畜』という意識が生じる。そして、家畜の典型はイヌやネコであり、それらはみな四本足であることから、うっかりして、四本足のニワトリを描いてしまう、というものである。あるいは、鳥類という分類概念そのものがアヤフヤで、ペンギンやダチョウは鳥類に入らないとか、ニワトリは〝家畜〟であってトリではないとかの概念をもっているかである。そのような、子どもの概念形成そのものを十分に考慮することがなければ、単純に鳥類の進化論的位置づけを教えるといっても、そう簡単にはいくまい」(佐伯 1982: 19)。

科学的な真理を教える、などといっても、子ども自身の概念がどうなっているかということを考慮しなければ、子どもの認識世界を変えることはできないだろう、というのである。ここでも、科学が学力との直接的なつながりを解かれているということがわかる。

一九九〇年代以降の「学力低下」論

1 「現実」の不透明化

この「四本足のニワトリ」をめぐる議論、とくにそこでの佐伯の議論に象徴的に見られるように、〈生活と科学〉という現実構想の枠組みがどうも信憑性を失っていった。もしわれわれが今の議論を聞いて坂元や藤岡以上に佐伯の議論に説得力を感じるとすればそういっていいだろう。とすれば、ではどういうふうに「学力」というものを考えていったらいいのか。佐伯は子どもの認知プロセスに注目すべきだという方向を出した。それは、〈生活〉とか〈科学〉が子どもがこれから入っていく現実だと果たしていっていいのか、充分なものなのかという疑惑が出てきて、現実の安定した構想が難しくなってきた、安定しなくなってきたということに対する一つの対応だった、という解釈ができるのではないか。

こういう、現実がわかりにくくなってきたことは、とくに一九九〇年代以降は、非常に顕著であり、そこで先ほどの図式でいえば、やはり冷戦以後は、大人にとっても現実がわかりにくく、不透明化してきたことの一つの表れとして、一九九〇年代以降の学力低下論があるかもしれない。たしかに現実は不透明化してきていて、〈生活〉と〈科学〉の両方とも、我こそは現実なりといえるほどの信憑性を持たなくなってきたといえるだろう。

2 学力論の場の移動――〈「力」の強化〉という方策

これにともない、学力論のフィールドが移動してきたのではないか。その移動の方向は佐伯の示した方向でもあるが、やがてそこから逸れていったのではないだろうか。私は、学力論が、どうやって子どもを現実へと橋渡しするかという議論ではなく、子どもの「力」を強化するという方向へ行っているのではないか、という印象を持っている。これは学力低下の元凶だといわれている新学力論のほうもそうであるし、逆にそういうふうに元凶だといって学力低下を批判する側も、実は同じように、〈『力』の強化〉という方策へ行っているのではないか、と感じている。それは、佐伯が強く批判した方向であるが、現在の議論は、そちらの方向へ向かっているように思える。

たとえば、新学力観推進派・ゆとり教育派のほうは、「楽しさ」とか「充実感」を重視するという方向に向かった。「新しい学力観」を高くかかげた文部省の指導書を読んでみよう。

「自ら学ぶ意欲や社会の変化に主体的に対応できる能力」が、これからの教育において「育成すべき中心的な学力」であり、「これからの教育においては、これまでの知識や技能を共通的に身に付けさせることを重視して進められてきた学習指導の在り方を根本的に見直し、子どもたちが進んで課題を見付け、自ら考え、主体的に判断したり、表現したりして、解決することができる資質や能力の育成を重視する学習指導へと転換を図る必要がある」（文部省 1993: 7）。「これからの学習指導においては、子どもたちが自分で考え、判断したり、試みたりする場や機会を多くするようにして、その楽しさや充実感を味わえるようにする必要がある。そして、たとえ実現できなかったり、不十分であったりしても、自分で考え、自分のよさを発揮しながら、よりよいものに高めていこうとすることの素晴らしさや、快さに子ども一人一人が気付くようにすることが期待される。このような学習活動を通して、子どもたち本来の自らよりよく生きようとする自己実現の意欲や態度が目覚めるようにする必要がある」（文部省 1993: 31）。

このように、何を教えるかということよりも、むしろ、よりよく生きようとする力とか、そういう力を強める、そのために楽しさとか充実感を味わわせる、という方策になっている。

他方で、そういう軟弱な学力観を批判して「習熟」とか「訓練」を重視する側にも、やはり同じような傾向が見られる。次に引用するものは、そういう鍛練派の傾向を批判している松下佳代の議論である。

「百ます計算の意義として主張されてきたのは、『計算力』だけではない。『集中力』『持続力』『自己肯定感』などの『学力の基礎』を形成することが、『計算力』という『基礎学力』の形成以上に重視されてきた。さらに最近では、脳科学（ブレインイメージング研究）の成果が、理論的裏づけとして用いられている。／『脳も、手足の筋肉とまったく同じです。すると脳のいろいろな場所がきたえられます。計算問題を解き続けると、脳のいろいろな場所が活発に働くようになります。するとまったく同じです。たくましい脳になると、脳をうまく使うことができて、いろいろな、もっとむずかしい問題を解くときも、じょうずに解けるようになるのです』（川島隆太『自分の脳を自分で育てる』p.21）。／この考え方は、まさに、新しいかたちの形式陶冶説である」（松下 2004: 22）。

ここには、脳科学の川島隆太の本からの引用があるが、そこではもう心を通り越して脳の働きを活発にする、脳の力を強くするというかたちで、〈「力」の強化〉という方策が出てきている。これを見ると、両方、新学力派もそれを批判している側も同じように〈「力」の強化〉という方策に向かっているのではないかと思われる。その帰結が、教育の心理学化と教育の無限責任なのではないかというのが私の見立てである。これについては、もう少しあとであらためて説明しよう。

3　「学力」概念の位置

「学力」――教育システムとその外部との二重の接点

以上の議論を下敷きにして、「学力」という概念がいったいどういう位置を持っているのかを考えてみたい。一言でいうと、「学力」というのは、教育システムとその外部との二重の意味での接点になっているのではないだろうか。一つには、「学力」というのは、伝達されるべき現実、教育内容といってもいいが、それを指し示す概念だといえるだろう。前にも述べたように、学力低下論の最初の波は、伝達されるべき現実として〈生活〉と〈科学〉を見いだすことで、収束に向かった。現実が見えないという状況が「学力低下」という不安の背後にあったとすると、教育がターゲットとすべき現実が特定されることで、学力論の腰も定まってきたといえるだろう。

ところが、一九九〇年代以降の第二の波は、伝達されるべき現実を新たに構想するのではなくて、もっぱら子どもの側に目を向けて、子どものなかに「力」を、どのような現実にも即応できる「力」を育てようとしている。先ほどの文部省の指導書のなかに、「社会の変化に主体的に対応できる能力」という非常に象徴的な言葉が出ているが、現実がどのようなものであれ、それに即応できる力を育成・強化することをもって、現実構想を回避するという方向に学力論は向かっている。大人の側で「現実というのはおよそこういうものであろう」と構想し、それを子どもに伝えるというのではなく、「現実は僕らもわからないけれども、とにかくどんな現実のなかにポカッと浮上しようとも大丈夫なように、力をつけてあげましょう」と、そういう方向に向かっている。

二重の接点という場合の外部とのもう一つの接点は、社会とりわけ経済システムが学校に求める成果というのが「学力」のもう一つの意味である、といいかえられる。この成果は「成績」とか「能力」という言葉で示されている。そして、先ほど述べたように、学力論は、この意味での外部、具体的には、これこれの能力を子どもにつけてほしい、といった形で表れる外部の存在を、学力に対するアンビバレンスとして知覚するのである。

一九九〇年代以降は、先に述べた〈「力」の強化〉という方策によって、このアンビバレンスは解消されてしまった。いいかえるなら、「学力向上」というスローガンに対しては、もうほとんどだれも批判しなくなり、冒頭で見たような狭義の教育哲学の斜に構えた見方を除けば、有力な批判はなくなった。それは同時に、学力論が完全に外部からの成果要求に順応したことを意味している。

たとえば、最近よく話題になるＰＩＳＡ調査（ＯＥＣＤの学習到達度調査）は、今の社会が学校に何を求めているかを率直に表明したものである。ＰＩＳＡ調査は、学校のカリキュラムとははっきりと切り離されて、現代社会で要求されるリテラシーや問題解決能力を測定するといっているのであり、そこで出題されている問題を見ると、現代社会において怜悧であるとはどういうことか、クレバーであるとはどういうことかがよくわかる。ともかくこの調査は、「外部」の要求をイデオロギー的な曇りなしに表明してくれているという点で、高く評価すべきだと、私は考えている。

ところが、教育の世界では、このＰＩＳＡ調査の設問や何かを非常に「教育的」と感じて、学校教育の指針にしようというような見方さえある。これは、私には唖然とするような事態であるが、しかし同時に非常に兆候的な事態であるとも思う。というのも、それは、先ほども述べたように、学力をめぐる議論が完全に外部からの成果要求に順応したことを象徴的に示しているからである。その代価が教育の心理学化と無限責任化であるということになるのだが、これについては、のちほど立ちかえりたい。

教育コードと選抜コード

こういう事態をどういうふうに理解したらいいか。ここで、ニクラス・ルーマンの議論を参照してみたい。とくに、教育のコードと選抜のコードという枠組みである。これは、これまで議論してきた学力論の状況を整合的にとらえるうえで、非常に示唆的ではないかと思って、いささか長いが、引用してみたい。

「この（伝達を試みるが、それがうまくいくかどうかは、あらかじめ知りえない、という）パラドックスを解消するもう一つの（とにかく伝達を試みてみる、という試行錯誤とならぶ）やり方は、『伝達可能』と『伝達不能』を区別することである。この区別は、テーマに即して特殊化することも（このテーマは伝達可能か不能か、生徒に即して特殊化することも（この生徒に対して伝達可能か不能か）、ともに可能である。ヨッヘン・カーデの非常に説得的な提案に従えば、この区別は同時に教育システムのコードとしても役立つ」(Luhmann 2002: 59f.=2004: 70f.)。

つまり、伝達可能か伝達不能か、それをあらかじめ決定しておくことによって、教育に不可避的に付随するパラドクシカルな、出たとこ勝負的な事態を処理することができる。この伝達可能／不能という区別が教育システムのコードになっている、いいかえれば、「教育」というコミュニケーションを産出する規則になっていると、いうのである。さらに先を見ていくと、

「この（伝達可能／不能という）コードは、予見に立脚することはできず、点数評価と試験によって確

認される結果を事後的に参照する。しかし、この（伝達可能／不能という）コードは選抜手続きのコードと同一ではなく、したがってまた、成績の優劣による生徒の特徴づけに依拠してはいない。このコードの準拠点は伝達という作動である」（Luhmann 2002: 59f.=2004: 70f.）。

先ほど見た戦後の学力論で、学力が教育学のなかで問題になる場合に、カリキュラム論と一緒になって、分かち伝えられるものとそうでないものを分けるということが一つのポイントになっていたことが、ここで思い出されるだろう。ここの部分は、それと非常によく整合している。何が伝達可能で何が伝達不能であるかを分けることが、戦後の学力論でも学力に関わる領域を区切るための、決定的な規準になっていたからである。

もう少し読んでみよう。

「教育と選抜が、言い換えれば、学習内容と点数評価が、互いに区別されるようになると、そのどちらに着目するかをめぐって、両者は競合関係に入る。この結果出てくる教育関係者の典型的反応は、教育の『本来の』意味が点数評価によってないがしろにされてしまうことを憂慮する、というものである」（Luhmann 2002:72=2004: 82）。

ここでは、ただちに大田堯の「学力」批判が思い出されるだろう。これは、私が学力論のアンビバレンスと呼んだ事態でもある。ともあれ、こういうふうに、教育のコードが伝達可能／伝達不能であって、それとはまた別に、選抜のコードというのが出てくる、というわけである。次のところで、その選抜のコードが議論されている。

「このようにして確立された選抜制度の最も重要なシステム効果として、より良い／より劣るという図式によって全体システムの二次的コード化を可能にするということがある。教育そのものは、伝達可能／伝達不能というコードによってのみ評価され、そこからは教育の成果を評価するための手がかりは出てこない。そこで、伝達が成功したか否かを確認しようとする（この）事後的手続きが、一次的コード化を補完することになるのである」（Luhmann 2002: 73=2004: 87）。

ここのところは、いささかわかりにくいかもしれない。これまでの議論に即してもう少し解釈を加えて、それを「考察と提案」に結びつけてみたい。

4 現実を構想する——考察と提案

これまで見てきた、ルーマンの〈教育コード／選抜コード〉という枠組みは、学力論を整理するのにかなり有効ではないだろうか。一九七〇年代までの学力論を見ると、〈教育コード／選抜コード〉という枠組みでかなりよく説明することができる。つまり、学力論というのは、カリキュラム論を組み込むかたちで展開され、伝達可能な領域を区切ることの不可欠性が了解されていた。ただし、そこでは、伝達可能な領域を区切ってそれを学力と名づけさえすれば、おのずと能力という成果が生じるかのような、根拠のない信念が支配していて、そういう一種の根拠のない信念が教育学のなかで共有されていた。そのため、〈学力とはこれこれの能力である〉という形式で、いつも「学力」が定義されてきたのである。それからまた、あの学力論のアンビバレンスについていえば、それはたしかに外部の存在の知覚という役割を果たしていたけれども、能力という成果を希求しながら他方で能力を選抜コードへの包摂から守ろうとしていたわけであり、自家撞着的な努力であったというしかないだろう。

では、一九九〇年代以降の学力論はどういうふうに見えるかというと、〈教育コード／選抜コード〉という枠組みから見たときに、一九九〇年代以降の学力論は、〈「力」の強化〉という方策を選択することによって、伝達可能／不能という教育コードを放棄したといえる。そのため、「学力」へのあのアンビバレンスも消えてなくなる。同時に、伝達などという面倒な問題とも手を切って、教育を「心の問題」に還元することも可能になる。実際、教育の問題を「力」の座として想定された心の中の問題に還元するという傾向が、現在、顕著に現れている。これが、「教育の心理学化」と、私が述べた事態である。

二番めに、一九九〇年代以降の学力論は、「やる気を育てる」とか「力を伸ばす」といった、表面的には非常に「教育的」な美辞麗句にもかかわらず、実質的には教育を全面的に選抜コードに従属させ、しかも伝達可能／不能という教育コードを手放してしまったために、選抜の結果を、つまりより良い学力／より劣る学力を、全面的に教育に帰責させるという結果を招いている。これが「教育の無限責任」という事態である。どこまでが教育の責任の範囲かということがわからなくなり、「学力低下」と呼ばれるものは全部教育の責任である、学校の責任である、そういう「責任とれ！」状態を招くことになる。

学力概念をもう少し限定する必要があるのではないだろうか。学力はどうしても「力」というメタファーをふりはらえない。佐藤学氏は、「力」というメタファーをやめて「アチーブメント」一本でいけばいいではないか、と提案しているが（佐藤 2001: 16, 28 以下）、「学力」という日本語をあててしまった以上、それは難しいのではないだろうか。

とすれば、「学力」を、外部とりわけ経済システムから、教育システムとりわけ学校に対して向けられた、選抜コードによってその成否が図られる成果要求という意味に限定して理解すべきだろう。このように「学力」を理解した場合、「学力」とは何かとか、「基礎学力」とは何かといった問いは、教育システムに対してではなく、おもに経済システムに対して問われるべき問いになる。この問いは、外部から学校に対してそのつど、いかなる成果が要求されているかという分析、これは、言葉が過ぎるかもしれないが、一種の「顧客要求分析」によって、答えられる問いとなる。外部が学校に何を成果として求めているのか、その求められる成果が「学力」なのだと、そしてそれは選抜コードによって測定されるのだと、考えてはどうだろうか。

では、教育システムはそれにどう対応するだろうか。私は、外部からの成果要求・学力要求に対して、学校はその求められている「力」の育成・強化というかたちで条件反射的に反応するべきではないだろう、また反応できると考えるべきでもないだろうと考えている。教育システムが自らに問うべき問いは、「何が伝達可能か」「何を伝達すべきか」という問いではないだろうか。学校の成果は「学力」によって評価され、その「学力」は選抜コードに組み込まれざるをえないが、学校が責任を負うのは、教育システムが「伝達可能」と見なした部分についてのみである。伝達の成功・不成功と「力」として要求される学力との間には、つねにギャップが残る。また、学校が伝達によって生みだそうとする現実態は、学力にはとうてい限定されえない広がりを持ち、ここにもまたギャップが残る。このようにして、教育コードを作動させることによって、ともかく現在の「教育的」な美辞麗句の陰で、選抜コードへの全面的な従属が進行するという状態を断ち切るべきだろう。

ところが、その教育コードを働かせようとしても、現状では、伝達可能／不能を区別する対象となる肝心の、現実とは何かについてのコンセプトが欠けている。そのため、〈生活〉と〈科学〉がもはや信憑性を失っているとすれば、それに代わる構想、いったい何を現実として子どもに伝えるかという、その現実構想が求められているのではないだろうか。

（いまい・やすお）

〈付記〉　本稿は、二〇〇五年発行の基礎学力研究開発センターの Working Paper 第一六号『「基礎学力」の再検討』に「『基礎学力』――教育哲学の視点から」と題して掲載された拙論に修正を加えたものである。

【文献】

宇佐美寛 1978『授業にとって「理論」とは何か』明治図書。

大田堯 1969『学力とはなにか』国土社。

加賀裕郎　2002「学力論への反本質主義的接近」『教育哲学研究』第八五号、二六―三〇頁。

勝田守一　1972（1965）「学力とはなにか」（一）『人間形成と教育』（勝田守一著作集第四巻）国土社、三六五―三七九頁。

佐藤学 2001『学力を問い直す――学びのカリキュラムへ』岩波書店。

佐伯胖 1982『学力と思考』（教育学大全集第一六巻）第一法規。

坂元忠芳　1973「能力と学力――『わかる』ことについての覚書」『国民教育』第一五号、二―二五頁。

坂元忠芳　1976a「今日の学力論争の理論的前提をめぐって――鈴木・藤岡論文への反論」（上）『科学と思想』第二〇号、八三―一〇五頁。

坂元忠芳 1976b「今日の学力論争の理論的前提をめぐって――鈴木・藤岡論文への反論」（下）『科学と思想』第二〇号、一六八―一八七頁。

中内敏夫 1976『増補・学力と評価の理論』国土社。

広岡亮蔵　1964「学力、基礎学力とは何か――高い学力、生きた学力」『別冊現代教育科学』第一号、五―三二頁。

藤岡信勝　1975「『わかる力』は学力か――学力論をめぐる態度主義批判」『現代教育科学』第二一六号、二四―四二頁。

松下佳代 2004「百ます計算で何が獲得され、何が獲得されないか」『教育』第七〇一号、二〇―二二頁。

松下良平 2002「学力論の言語と視線――情報消費社会の中での破綻」『教育哲学研究』第八五号、二〇―二五頁。

文部省 1993『新しい学力観に立つ教育課程の創造と展開』東洋館出版。
Luhmann, Niklas　2002　*Erziehungssystem der Gesellschaft*. Frankfurt am Main: Suhrkamp. ＝ 2004 村上淳一訳『社会の教育システム』東京大学出版会。

第4章

「お金」をめぐる道徳教育
―― 金融教育について ――

山名　淳

〈概要〉

1990年代以降の「グローバル化」といわれる社会変容の特徴の一つは、市場が国境を越えて世界化することである。たとえば、クレジットカード一枚あれば、ネット上で世界各地の商品をオンラインで買うことができる。いわば、それは「お金」がグローバル化することである。こうしたお金のグローバル化は、子どもたちの金銭感覚を大きく変えている。これまで、学校教育においては、「お金」の話はタブー視されてきたが、もはやそういう時代ではなくなっている。今、お金の教育は、どうあるべきなのか、最新の金融教育の実践をふまえつつ、考えてみたい。

1　近年の社会変容と「お金」の教育

金融教育活況の理由

学校現場において「お金」について正面切って話題にすることは、長い間、どちらかといえば敬遠されてきた観がある。だが、ここにきて、「金融教育」をキーワードとして、子どもたちに対して積極的に「お金」の話をしようという風潮がみられるようになってきた。なぜそのように状況が変化してきたのだろうか。

「お金」の教育に関する議論が活況を呈し始めた要因は複合的だが、まず大きな要因としては、政策や経済界の動向変化をあげることができる（たとえば、金融経済教育懇談会 2005，内閣府経済社会研究所 2005，日本銀行情報サービス局 2005，木村 2006 を参照）。一九九六年の橋本政権下における日本版「金融ビッグバン」以降、金融審議会が消費者教育を提言し（二〇〇〇年）、また「学校教育における金融教育の一層の促進」が文部科学省にも要請されるなど（二〇〇二年）、金融と教育とを結びつける傾向が徐々に強まっていた。このような流れのなかで、政府・日銀は、ペイオフが解禁となった二〇〇五年度を「金融教育元年」と命名し、金融教育へのよりいっそうの取り組みを促した。この文脈でいえば、金融教育とは、福祉国家路線から新自由主義路線へのシフトが進行し、個人の責任のもとで「お金」とつきあう度合いが高まっている（少なくとも求められている）ことに対応するための教育活動上の旗印であるといえるだろう[1]。

金融教育に積極的であるのは、政府およびその関連組織だけではない。そのような官の動きと連動するように、経済界、とりわけ金融にかかわる企業が、産学連携を推進する大学などの諸研究機関や教育産業界との協力体制を組んで金融教育に関する研究や実験的授業を試みるケースも、多くみられるようになった。今日、「お金」にかかわる多様なシステムの変化（カード社会への移行、情報社会化、グローバル化にともなう電子マネーの流通など）によって、「お金」や消費行動に関する感覚やモラルの不安定化、「お金」を獲得する手段としての伝統的な労働観の動揺、新たな手口の金融犯罪の発生といった問題が浮上している。そのようななかで、金融教育の研究と実践をとおして消費者一人ひとりの「フィナンシャル・リテラシー」の向上に寄与することが、CSR（企業の社会的責任活動）の一環として押し進められているといえる。

(2) 政治の論理・経済の論理・教育の論理

もっとも、今日みられるそのような金融教育の推進については、賛同の声ばかりが聞かれるわけではない。教育の論理が「貯蓄から投資へ」というスローガンのもとに直接金融市場の活性化を促す政府の構造改革の論理に追従を迫られているとする見解や、経済界の思惑に左右されることに対する警戒の念などが示されることがある。[2] たしかに、政治の論理、経済の論理、教育の論理のそれぞれがどのようなかたちで噛みあいながら、金融教育の実践が組み上げられていくか、ということについては、今後も注意深い検討が必要になるだろう。だが、その一方で、上述の「お金」に関するシステムの変化は、投資商品のトラブル、個人の自己破産といった大人の金融問題の増加を引き起こしているのみならず、子どもたちが「お金」をめぐる犯罪の被害者や加害者になるケースを増大させる一因ともなっている。そのような現状を考慮すれば、「お金」をめぐるこの新たな環境に関する知識と技能を子どもたちに伝えること、また、そもそも「お金」とは何かということについてあらためて考える時間と場所を提供することは、もはや学校教育において不可欠でさえあるように思われる。

「お金」に関して現在浮上している子どもたちをめぐる諸問題は、「お金を大切にしよう」という標語のもとに展開される伝統的で基礎的な「金銭教育」によって対処できる範囲を超えている。政治や経済の論理と教育の論理との対立点を過剰に強調することによって、「お金」というテーマを学校現場から遠ざけておくことは、むしろ「お金」のやりとりにおいて生じる問題から子どもたちの目をそらさせてしまう危険性を生み出してしまうことにもなりかねない。そうであるとすれば、さしあたり求められるべきは、金融教育を旗印に推進されつつある新たな「お金」についての教育がどのような可能性と課題を有しているかということについて、教育領域の側からあらためて検討してみることではないだろうか。政治や経済の論理と教育の論理との照合作業は、その後か、もしくはその過程において行われてよいだろう。

(3) 事例としての「お金」に関する道徳教育

以上のような関心のもとにここで注目してみたいのは、道徳教育としての金融教育の可能性である。道徳に関する金融教育は、重要でありながら困難なジャンルでもある。重要であるというのは、金融教育にたずさわるかぎり道徳に関する要素と不可避的にかかわらざるをえないであろうからである。道徳に関する金融教育は、道徳教育そのものの領域横断的な性格も相まって、相互に関連しあうような少なくとも三つの層を形成するだろう。第一の層は、学校教育の全領域において促進されるべき金融教育的な道徳教育であり、第二の層は、社会科や家庭科など金融教育と結びつきやすい諸科目のなかで浮上する道徳的な教育である。最後に、第三の層として、特設された「道徳の時間」における金融教育があげられる。他の科目（社会科や家庭科など）において金融教育を実践する教師からは、つきつめていくと道徳的な要素や人生観・幸福観にかかわる要素が各授業において浮上するとのことを耳にすることも少なくない。「道徳の時間」のみならず、さまざまな科目の授業、場合によってはその他の学校の日常において、金融にかかわる道徳的な要素が浮上する可能性があり、そのような意味において〈金融教育内道徳教育〉に無縁な人は教育に関する人のなかにはいないとさえいえる。

〈金融教育内道徳教育〉が難しいというのは、金融に関する道徳的な見解が多様であるからである。このことが、金融にかかわる道徳について子どもたちをある一定方向への導くことを困難にさせることになる。しかも、あらためて金融に関する道徳教育について構想しようとすると、その奥深さを痛感させられることが多い。詳しくは後述するが、この多様性と奥の深さが、実は道徳に関する金融教育の一原理ともなりうるように思われる。

本稿では、〈金融教育内道徳教育〉の困難さが同時に教育実践の原理的な鍵でもあるという点について、焦点を絞って論じてみたい[3]。第一に「お金よりも大切なこと」について、第二に「お金において大切なこと」について論じ、両者の間を突きつめたときに浮上する〈金融教育内道徳教育〉の方向性を示唆することにする。最後に、〈金融教育内道徳教育〉に関する今後の課題を、筆者の観点から三点に絞って言及することにする。

2　「お金よりも大切なこと」——道徳の領域における「お金」に関する基本的な観点

「お金を大切にしよう」というメッセージを子どもたちに伝えるという意味において「お金」に関す

る道徳教育が理解される場合、そのような教育は、何か目新しい試みであるというわけではないだろう。むしろ、それは道徳教育の基本の一部をなしているといってよい。「お金」を大切にする心性を涵養し、そうした習慣を身につけることが学校教育において重視されてきたことは、学習指導要領（小学校第一学年および第二学年）において「物やお金を大切」にすることが道徳教育に関する基礎的で重要な目標として掲げられていることに象徴されている。道徳の副読本を開いてみても、たとえば、「おこづかい」（『どうとく 2 みんなたのしく』「道徳」編集委員会編 2006）というお話のように、「お金」にまつわる問題をとりあげている読み物が所収されており、また、そのような教材を用いた具体的な授業展開の事例も紹介されてもいる（金融広報中央委員会 2005: 83ff.）。

だが、ひとたび「お金を大切にしよう」というメッセージを超えて「お金」というテーマをさらに突きつめるような授業を構想しようとすると、事態は一変するであろう。学校教育の領域、とりわけ道徳教育の領域においては、「お金よりも大切なことは○○だ」という言いまわしがつねにその背後に控えており、「お金」というテーマと道徳教育との相性の悪さが往々にして浮上するからである。○○の部分には、文脈によってさまざまな語句が挿入されるだろう。友情、愛、絆、信頼、思いやり、「こころ」、等々。「お金」は、往々にして、そうした他の主題の大切さを引き立たせるための土台となりがちである。

「お金よりも大切なこと」言説は、子どもたちにとってのみならず、大人も含めて広く人びとの胸を打つ。さしあたり、私の本棚を見渡してみても、すぐにいくつかの物語をあげることができる。たとえば、『パパラギ』という物語では、ヨーロッパを初めて旅した南の島の酋長ツイアビが、「お金」がいかに「パパラギ」（＝西欧人をさすと同時に西欧文明の影響を受けて生活している非西欧人をも指す）たちの心を貧しくさせているかを説いている。

「丸い金属と強い紙。彼らが『お金』と呼んでいるもの。それがパパラギの神様だ。あの国ではお金なしには生きてゆけない。日の出から日の入りまで。お金がなければ、飢えや渇きもしずめることができない。夜になっても寝るためのむしろがない。……そう、生まれるときにもお金を払わなければならないし、死ぬときも、ただ死んだというだけで、家族はお金を払わなければならない」（ツイアビ 2001:40）。

酋長ツイアビは、西欧の外部からのまなざしをもって「お金」に支配されて人生を送るパパラギを哀れんでいる。彼の立場からすれば、「お金は悪魔だ。お金にさわった者はその魔力のとりこになり、それをほしがる者は、生きているかぎり力も喜びもお金のために捧げなければならない」（ツイアビ 2001: 46）のである。同時に、「お金」のとりこである状態から開放されることがいかにすばらしいことであるかを、ツイアビはパパラギたちに訴える。

また、より知られているところでは、作家O・ヘンリーの短編『賢者の贈り物』をあげてもよいだろう。そこで語られるのは、お互いを思いやる夫婦の話である。クリスマスに、お互いにプレゼント

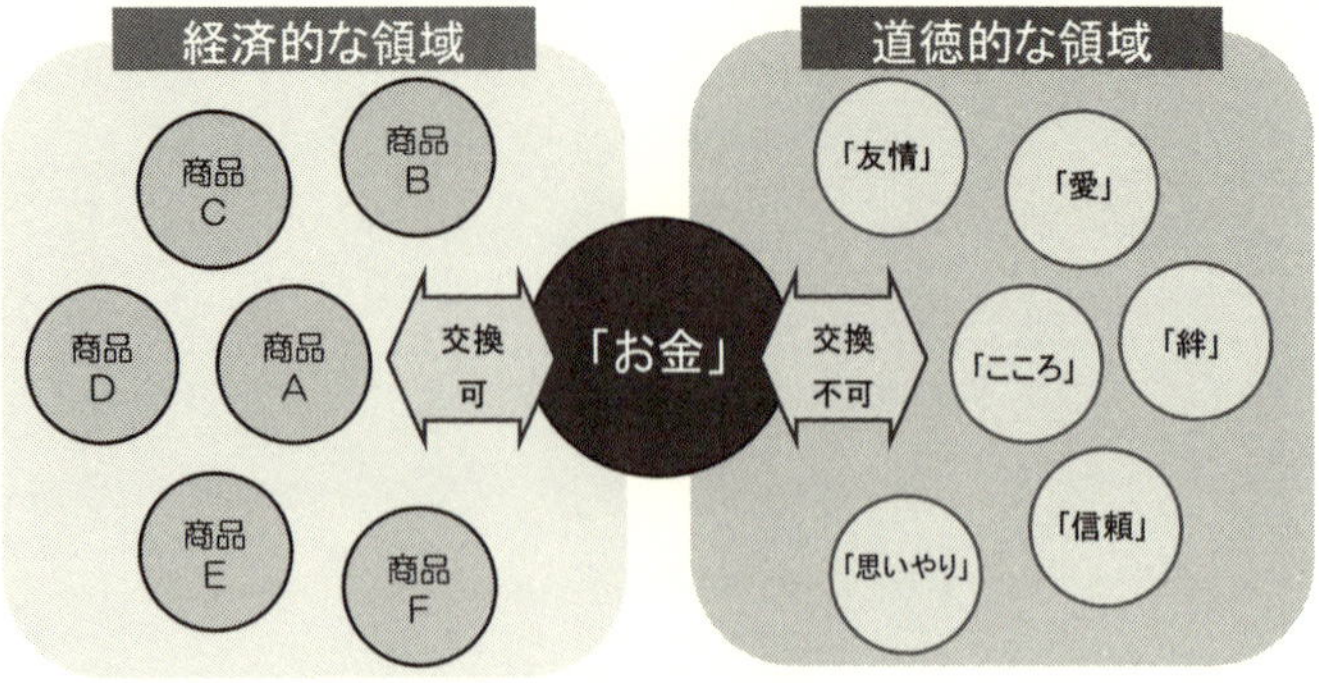

図1　「お金」をめぐる道徳的要素の一般図式

をしようと思うのだが、そのための余裕がないほど二人は貧しい生活を送っていた。女性は大切な自分の髪の毛を切って売りに出し、それを代償として、男性の立派な金時計に合うプラチナ製の鎖を手に入れる。かたや男性の方は、その金時計を売って、女性の美しい髪の毛を梳く亀甲でできた櫛を購入した。二人は、それぞれのプレゼントがもはや役に立たない状況に唖然としたが、そのことによって「お金」や物に代えられない深い思いやりと厚い愛情とを感じ、幸せなクリスマスを過ごした、というお話である。物や「お金」よりも大切なことがあるということを物や「お金」よりも大切なことがあるというメッセージを読者に送る典型的な物語である。私たちが胸打たれるこの種の物語は、枚挙にいとまがない。私たちは、総じて、「無償の贈与」の物語には、ほぼ無条件に心打たれるものだといえる。

「お金よりも大切なもの」言説について私たちが広く一般的に抱いているイメージを、あえて図式化してみると、次のようになるのではないだろうか。一方に、金銭を媒介にして手に入れることができるようなもの（数々の商品）の世界が開かれている。他方に、金銭と交換が本来的に不可能であるようなものとして数々の道徳的要素がある。両者は、金銭と交換可能か否かによって、お互いが交わらない。この場合、金銭を中心にして開かれる世界は、あたかも経済的な領域と道徳的な領域がそれぞれ別個にあるような世界である。「お金」というテーマを道徳と結びつけようとするとき、たえず見え隠れするのがこの図式である（図1を参照）。

もっとも、本来は「お金」に換算できないものが経済の世界に入り込んで換算されるという経験をすることがある。保険の契約時などに経験されるとおり、「いのち」でさえ「お金」に換算される時代に、私たちは生きている。だが、それは、両者が等価であることをもちろん意味しない。生命を含めたあらゆることが実質的にも「お金」に置き換えられるという錯覚や生命の軽視や「お金で買えないものはない」という奢りが生じることもあるが、このことは経済の世界と道徳の世界との境界がないという主張の根拠にはまったくなりえないのである。

3 お金において大切なこと——道徳の領域における「お金」に関するもう一つの観点

「お金」のやりとりに浮上する道徳

だが、少し考えてみるとわかるとおり、両者は、単純な二項対立の図式をなしていないという側面も有している。「お金」は、より正確にいえば「お金」のやりとりは、人びとの生活や文化の基盤をなし、また、人と人とを結びつける。「お金」のやりとりは、言い換えれば、貨幣をメディアとして成立するコミュニケーションであるといってよい。「お金」が二人以上の人物の間をめぐるとき、「商品A」や「商品B」がその等価物として移動する。それだけでなく、同時に、「お金」の外部に設定されていた「大切なこと」(信頼、思いやり、絆、など)が、このコミュニケーション・サークルにおいて往々にして浮上するのである(図2を参照)。先に示した図1において道徳的な領域に割り当てられていた諸要素は、図2においては、道徳的な領域と入れ子構造をなして存在する経済的な領域のなかに入り込んでくる。

経済的な領域と道徳的な領域が対立するような図式と、両者が相交わるかのような図式。そのどち

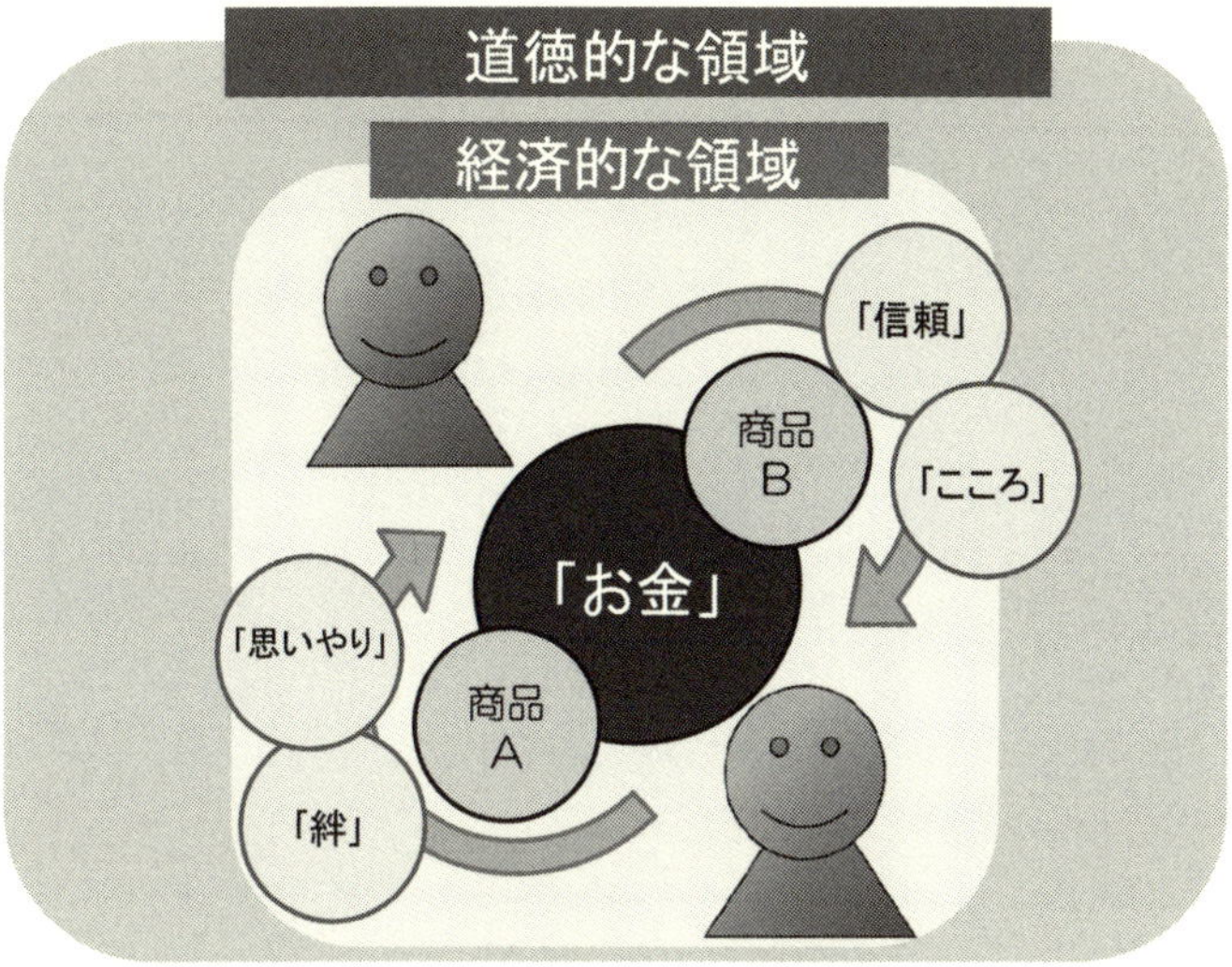

図2 「金銭」のやりとりに道徳的要素が浮上する

らかが正しくて、どちらかが誤りであるというのでは、おそらくない。一つの事態が、側面から見たときと正面から見たときに見え方が異なるのに類似させていえば、両者は、経済と道徳に関する「側面図」と「正面図」ということができるのではないだろうか[4]。図1が経済的な領域と道徳的な領域が横並びになって交わらない関係を示しているのが両者を横から見た図式であるとすれば、この図式の正面に回って明らかになる両者が重なり合う状況が図2である。前者においては「お金よりも大切なこと」が登場するが、その同じ要素が後者においては「お金において大切なこと」として再登場する。

先ほど、『賢者の贈り物』の物語を、「お金よりも大切なもの」言説の一例として、つまり、経済と道徳の「側面図」の物語として、とりあげた。だが、この同じ物語は、「正面図」的に見方を変えれば、物を金銭と交換し、それをまた物へと代え、そのような金銭を介した受け渡しの行為を通じて、本来は金銭に代えがたい「思いやり」という要素が、このコミュニケーション・サークルにおいて浮上する物語としても理解できる。『賢者の贈り物』において典型的なように、経済と道徳の「側面図」と「正面図」とは、一つの物語に対する二つの観点として把握されるのである。

〈金融教育内道徳教育〉の原理としての不安定性

「お金よりも大切なこと」と「お金において大切なこと」の間では、「お金」をめぐる価値観はつねに不安定である。この不安定性は、語り手のスタンスに対応して変化する視界から開かれた風景が、経済と道徳に関する「側面図」なのか、それとも「正面図」なのか、によって左右されるということに大きく由来する。

学校において金融に関する道徳教育を構想する者にとって、一見したところ、「お金よりも大切なこと」と「お金において大切なこと」の間で生じる価値観の不安定性は、厄介なことのように思われるかもしれない。なぜなら、教育を構想するとは、本来的に、一定の時間内での教師と児童・生徒のやりとりを先取りして構築していくことであるからである。上述の「お金」をめぐる価値観の不安定性は、突き詰めていくと、この構築という営みを解体するような性質をも持ち合わせているといってよい。

だが、教育のテーマとして不都合だと思われるような「お金」の性質を逆手にとって、経済と道徳の「側面図」と「正面図」の間で生じる価値観の多様性に子どもたちをなじませることを狙いとするような授業を構想することも、おそらく可能ではないだろうか。私がここで念頭に置いているのは、清水保徳（東京学芸大学附属竹早小学校教諭）の授業実践「お金の授業」である[5]。清水の授業実践の核心を私なりの解釈で示すとすれば、それは、「お金よりも大切なこと」と「お金において大切なこと」の間で多様な価値観をぶつけ合い、そのことをとおして、子どもたちがそれぞれの金銭や金融に関する自らの価値観や感覚を問い直す、という点にあるように思われる。

清水による授業の詳細については別の機会においてあらためて論じることにして、ここでは、本稿の関心とかかわることで最も興味深かったことについてのみ、言及しておきたい。それは、清水によって引き出された「お金」に対する子どもたちの価値観が予想以上に多様であったことである。一方に「お金」を万能視している子どももいれば、他方では、その同じ「お金」を無条件に穢《けが》らわしいと感じている子どももいる。また、ある子どもは、「お金」を自分の欲求を満たすためのツールだと思っており、別の子どもは、他者との共生のために活かすことに重きを置いている。よく稼ぎよく消費することを理想とする子どももいれば、質素倹約を重視する子どももいる。「お金」にまつわる価値観や感覚を突きあわせたときに浮上するそのような多様性こそが、「お金よりも大切なこと」と「お金において大切なこと」との間を子どもたちが往還するための契機となるはずである。そうした多様性に触れることによって、子どもたちは、それぞれの「お金」に対する感覚や価値観を問い直すことができるだろう[6]。

授業では、教師やゲストティーチャー（銀行のスタッフ）のコメントも差し挟まれるが、最終的な落としどころや結論に子どもたちが導かれるわけではない。そのような言語のコミュニケーションをとおして、子どもたちは貨幣のコミュニケーションの世界に接近しつつあるように、観察者の私には思われた。

4 金融教育の課題

金融教育とその隣接領域との関連性

金融教育に関する現在進行形の議論を鳥瞰して体系化することは、目下のところ、私には困難である。ここでは、さしあたり、近年の動向をふまえたうえで、道徳にもかかわるような金融教育についての一般的な課題を三点ほど端的に示し、最後に中間決算的なまとめへとつなげたい。

最初の課題は、金融教育の輪郭確定に関するものである。金融教育は、伝統的な金銭教育とも重な

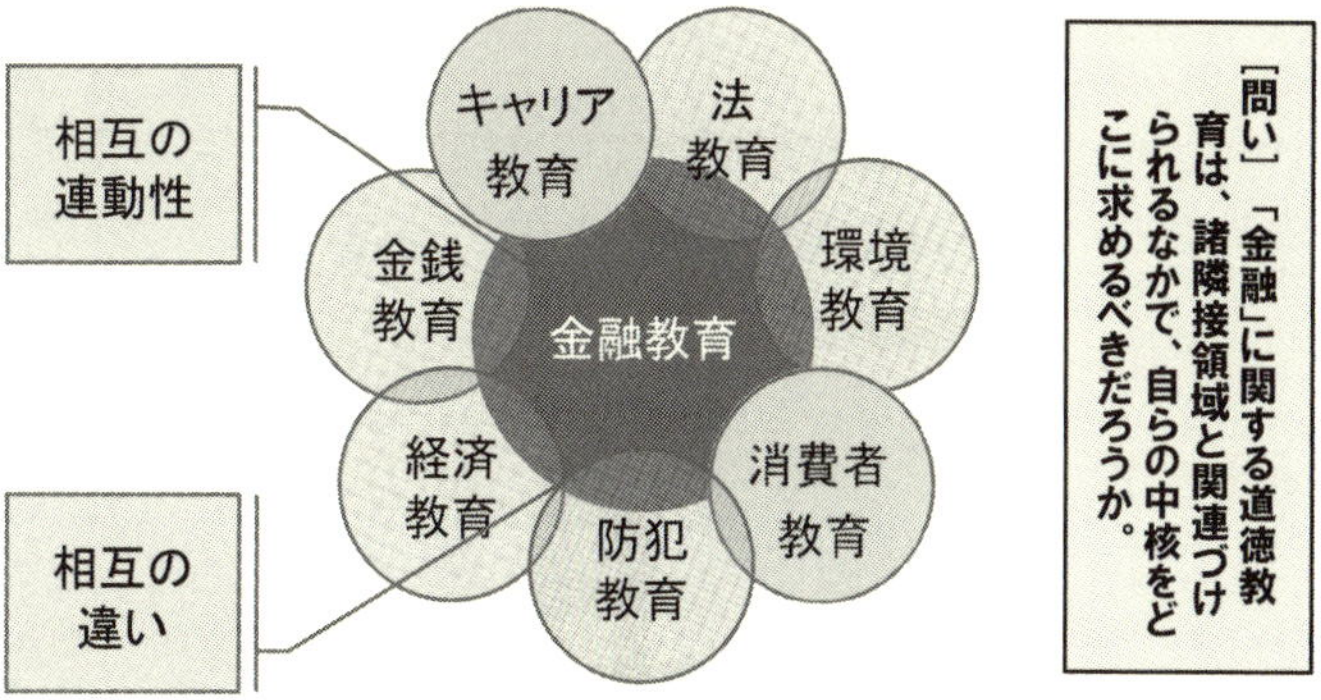

図3　「金融教育」とその隣接領域の関係を問う

りあいながら、けれどもそこに回収できない内容を持ちあわせている。また、キャリア教育、防犯教育、経済教育、消費者教育、法教育、広義の環境教育といった隣接領域とのあいまいな境界と重なりのなかに位置づけられている（図3）[7]。また、道徳教育一般と同様に、道徳的な金融教育も、道徳に特化された授業のみならず、社会科や家庭科などの金融教育と結びつきやすい教科の授業とも関連づけられるという意味においては、教科横断的な広がりをも意識すべきであろう。そのように複合的で教科横断的な金融教育の性質を認めたうえで、金融にかかわる道徳教育が何であるかを検討することが必要であろう。この関連し合う曖昧な領域のすべてが金融教育という冠をつけた教育実践の領域になりえてしまう。金融教育の中核が何かについての議論なくしては、看板と内実とのズレを感じさせる実践が横行することにもなりかねない。

金融教育における道徳的な人間像の模索

金融教育の第二の課題は、そのめざすべき人間像に関することである。近年の社会変化、とりわけ金融システムの変化にともなって、金融教育における旧来の人間像と新しい人間像との統合という問題がここであげられるべきであるように思われる（図4）。現状においては、一方において、従来の勤勉・節約を重んじつつ相互に助けあうことが尊重され、他方においては、キャリア形成と財の蓄積に関する「サバイバル」状況のなかで、「たくましく」「したたか」に自己生成していく責任ある主体になることが要請されている。キャリア形成と財の蓄積に関する「サバイバル」状況のなかで必要な「したたかさ」や「たくましさ」を有する人間像と、従来の「生真面目」で「慎ましやか」な人間像との双方の間で、明確な道徳的人間像が結ばれていない。言葉を換えれば、「ためるお金」とつきあう「静的自己モデル」と、「めぐるお金」とつきあう「動的自己モデル」との間に、埋めがたい溝が存在するのである。価値観の多様性を原理とする道徳教育という観点からいえば、明確な人間像を容易には立てられないこと自体は、直接には問題ではない。だが、双方の融合可能性あるいは矛盾について意識的な議論が本格的に立ち上がっていないことは明らかに問題である。

それと連動して、新たに強調されるようになった道徳的目標に関する検討もまた、課題としてあげてよいかもしれない。そのような例として、「自己責任」概念をあげることができるだろう。「お金」のやりとりにおいて求められる「自己責任」は、たしかに、自立的で責任ある主体の形成という一般

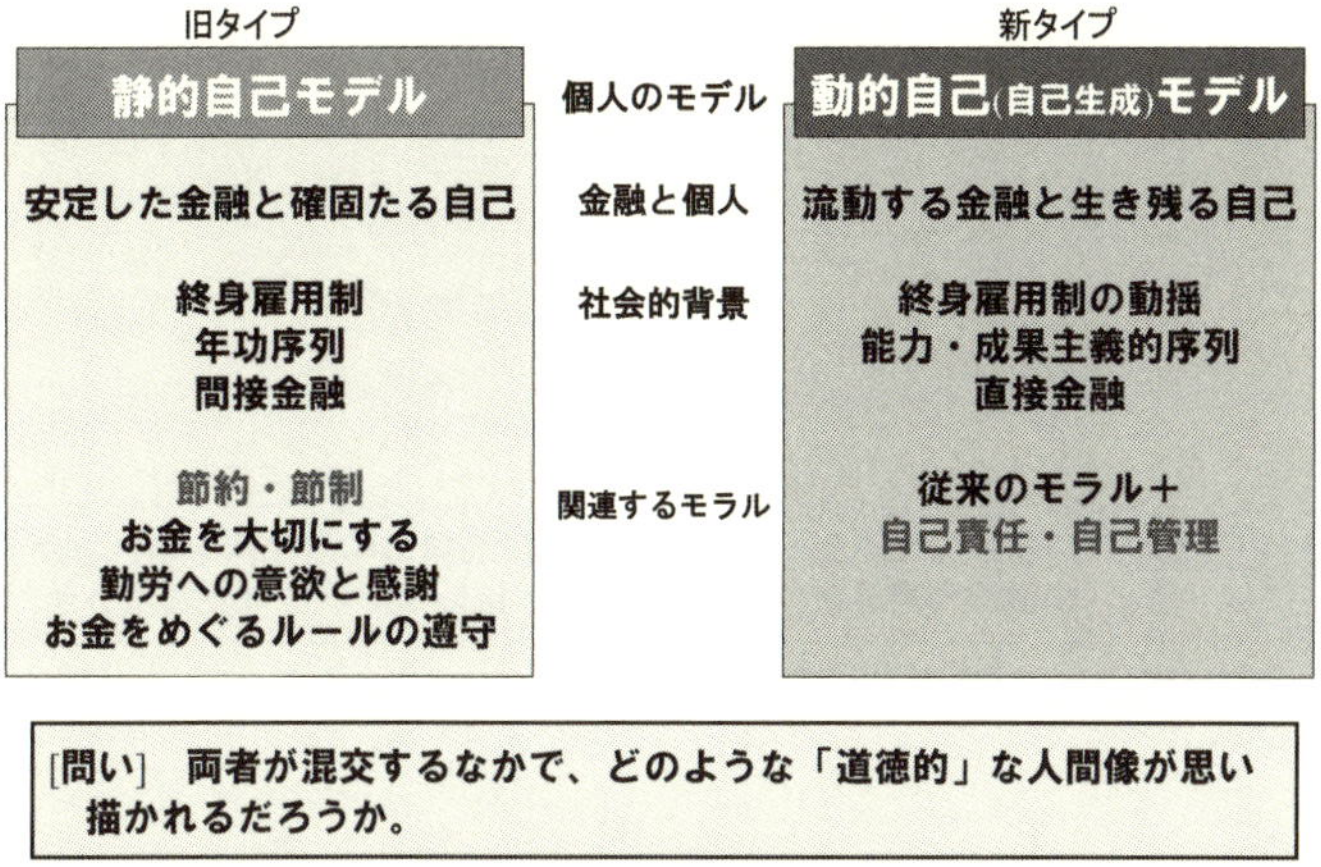

図４　金融の新旧タイプと二つの個人モデル

教育における道徳的な課題とも通じるところがあり、その意味において注目すべきである。しかし、ここには、金融の道徳教育の狙いに関するある未解決の問題が含まれている。

「自己責任」は、たとえば、政治の領域では、個々人の自立を促すそのポジティヴなイメージと裏腹に、弱者に対する寛容な配慮を放棄する際に利用されかねない論理として、批判されることもある。「自己責任」概念を新たに掲げられる目標として学校教育の領域に導入する場合、政治の領域のそれと同様に、そうした概念の内実および導入に際しての留意点について十分に考察することが必要ではないだろうか。

とりわけ、「自己責任」概念が教育領域における「生きる力」のような新たな学力観にともなう子どもの能力と結びつけられる場合など[8]、政治や経済の論理によって求められる人間像が無批判に教育の論理に基づく人間像

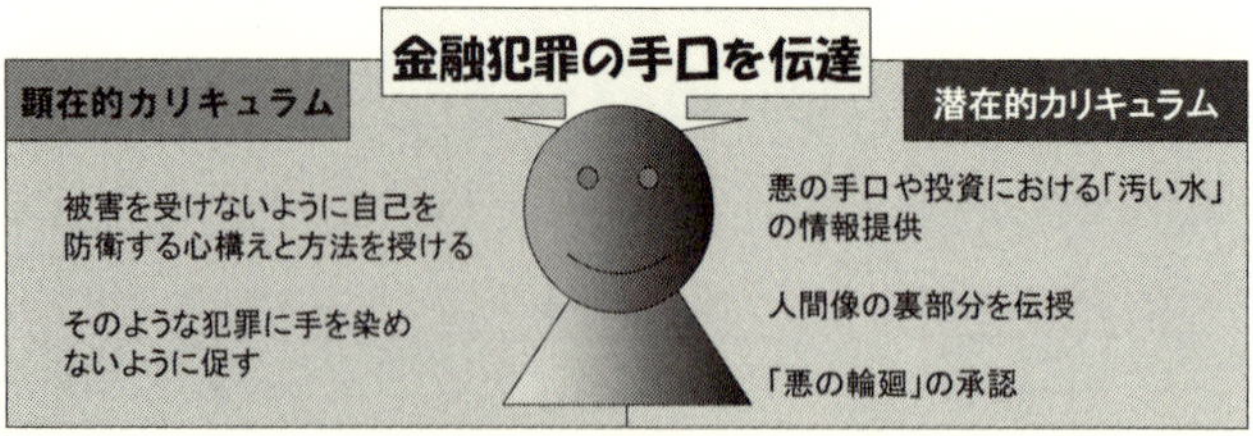
金融犯罪の手口を伝達
顕在的カリキュラム
被害を受けないように自己を防衛する心構えと方法を授ける
そのような犯罪に手を染めないように促す
潜在的カリキュラム
悪の手口や投資における「汚い水」の情報提供
人間像の裏部分を伝授
「悪の輪廻」の承認

[問い]　潜在的カリキュラムの次元における負の学習作用を避けながら、<金融教育内道徳教育>を行うことはいかにして可能だろうか。

図５　金融に関する顕在的および潜在的カリキュラム

として読み替えられていないかどうかということが省察されるべきであろう。

金融教育の作用に関する検討

ここでとりあげる第三の、そして最後の課題は、金融教育の作用に関する問題である。たとえば、防犯教育と金融教育とを融合させた授業として、最近の金融犯罪をめぐる道徳問題について子どもたちと一緒に考え、そのような犯罪の加害者や被害者にならないように注意を喚起すると行った授業展開を構想したとしよう。その際、はからずも、「金融」領域においてどのような新手の手口があるかを伝えることによって、〈善〉への扉とともに〈悪〉への扉をも子どもたちに対して開いてしまう可能性も生じうる（図５）。それは、自殺防止教育が、はからずも自殺の方法を伝授してしまうことがあることに似ている。

たとえば、金井肇が金融教育に関する座談会において発言しているように、私たちは、意図のうえでは、次のように主張しうるであろう。「子どもの日常も私たちの日常も、物やお金と関わりあっています。だから、物の使い方、お金の使い方の際に、いい方法、美しい方向に使おうと常にし向けていきます」（金井ほか 2004: 25）。それにもかかわらず、その同じ座談会で金融関係者が吐露しているように、金融に関する悪の手口や投資における「汚い水」（金井ほか 2004: 31）について子どもたちに情報提供をすることになる可能性は、つねに生じうる。悪を戒めるメッセージが、はからずも「悪は輪廻する」というネガティヴなメタ・メッセージをともなってしまい、同時に金融犯罪の方法へと導いてしまうことが懸念されるのである。したがって、顕在的なカリキュラムの次元においてだけではなく、潜在的カリキュラムの次元においても金融教育がどのような作用を子どもたちに及ぼしうるかを十分に検討したうえで、具体的な授業を構想することが求められるだろう。このようなことは、何も金融の教育に特有のことではない。だが、潜在的なカリキュラム上の悪影響が大いに懸念されねばならない領域がいくつかあるとすれば、そのうちの一つが金融教育だといってもよいかもしれない。

5　「お金」の教育と〈いのちの教育〉の共通点

最後に、本稿における強調点をなぞるかたちで、以下のことを強調しておきたい。

貨幣や経済は、それらが有している合理的な相貌とは裏腹に、人間の物欲や所有欲とに関する問いと深くつながりあっている。物欲や所有欲とどのように向きあうかということは、子どもにとってのみならず、大人にとっても大問題である。「お金」というテーマと取り組むことを突きつめていくと、人間の最も奥深い欲求の問題と向きあうことへと誘われることになるだろう。その次元においては、大人でさえ、「お金」に関する問題について、問題圏の外部に立脚してあらかじめ〈正答〉を用意することができるわけではない。〈正答〉を大人から子どもへと伝授するような教育は、ここでは成り立たない。

この点においては、「お金」は、「いのち」に関するテーマ（生・性・老・病・死）に匹敵すると、私は考えている。「いのち」に関するテーマは、人生の最も重要な要素であり、人間の根源的な欲求に結びつき、だれしも自らの人生観や価値観が問われるような性質のものである。それゆえ、学校教育のなかにそれらのテーマを持ち込もうとすれば、教師が〈正答〉を保持することによって児童・生徒に対して有することができるような優位性が失われ、ときとして教育活動の安定性が失われることがある（cf. 西平 1997: 162f.）。このようなことが、「お金」というテーマにも当てはまるように思われるのだ（図6を参照）。

しかし――だからこそ、というべきだろうが――「お金」は、子どもたちのそれぞれが、道徳について問い直すためのすぐれたテーマとなる可能性を秘めている。「お金」をめぐる問いをとおして、子

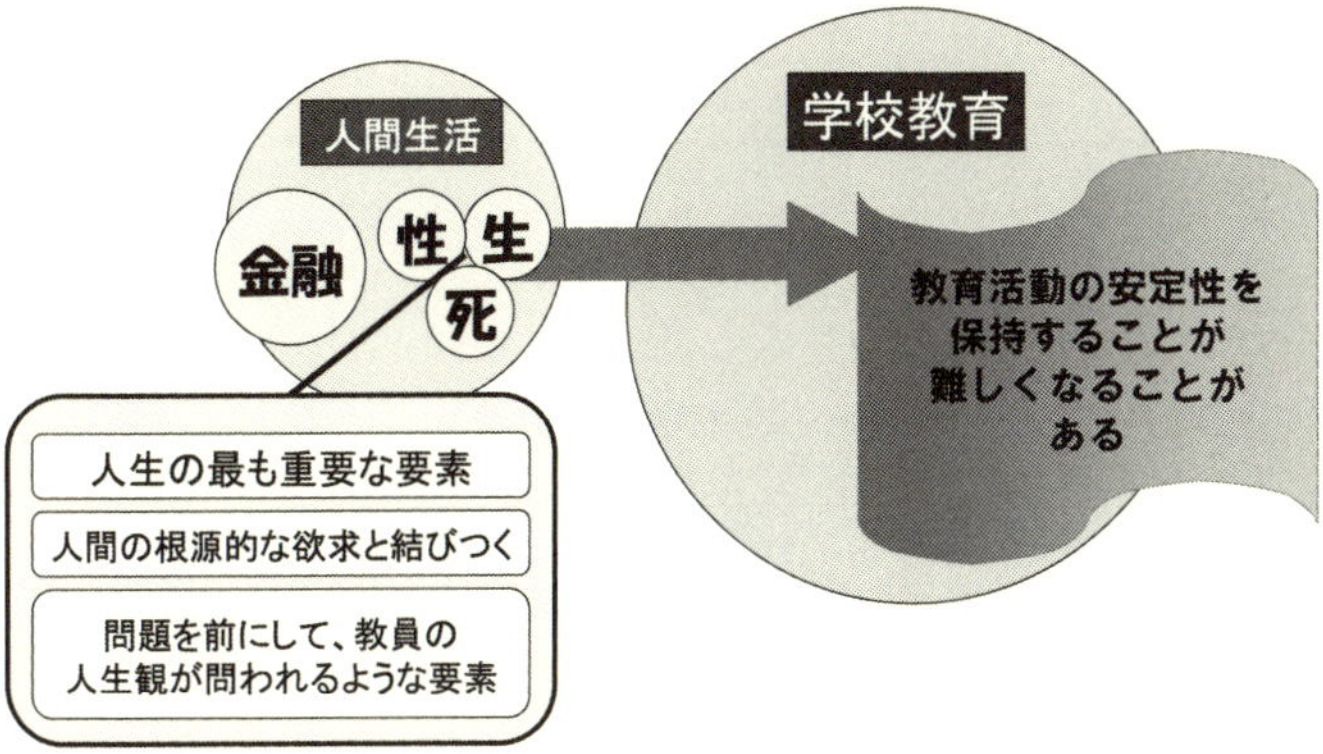

図６　金融に関する顕在的および潜在的カリキュラム

どもたちは、自らの奥底にある物欲や所有欲と向きあうことになり、また、他の子どもたちと意見を交わすことによって、「お金」についての多様な価値観と感覚に出あうことになるだろう。

「お金」や「金融」は、突きつめていけば、子どものためのテーマであるだけでなく、教師や親も含んだ大人たちの人生観や社会観を問うようなテーマとなる。身近な例でいえば、金銭教育において扱う問題は、近ごろ社会問題として浮上した「給食費の未払い問題」などと本質的に切り離しえないような裾野の広がりを有しており、容易に家庭や社会の問題と接続する。そのとき、問いかけている側であるはずの大人が、往々にして、同時に問いかけられることになる。つまり、金融教育と道徳教育を接続することは、大人にとっても、子どもにとっても、ことのほか厳しい試みであるという側面を有しているのである。

私たちは、ツイアビとともに「お金は悪魔だ」と言い放ち、

「パパラギ」たちの世界の外部へ、つまり文明化された近代社会の外部へと脱出するという方策を思い描くこともできるかもしれない。だが、「パパラギ」たちからの逃避という問題解決法は、「パパラギ」的世界のなかにとどまることを運命づけられている多くの人びとがいかにそのなかで生きるべきかという真摯な問題を、往々にして隠蔽してしまう。そこには、『パパラギ』における〈近代／反近代〉図式にもとづく近代批判の限界がある。そもそも、「お金」の起源が近代にではなく、それよりはるかに古い時代にまで遡ることを考えれば、「お金」の問題から逃れた人間生活の状況を想定することは、かぎりなく不可能に近いほど困難ではないだろうか[9]。

（やまな・じゅん）

〈付記〉本稿は、二〇〇六年度に始められた東京学芸大学とみずほフィナンシャルグループとの金融教育共同研究プロジェクトにおける成果の一部である。同共同研究プロジェクトの公開講座（二〇〇七年八月二〇日に京都大学において開催）における筆者の講演内容および同じく共同研究の成果である拙論（山名 2007）をベースにしつつ、それを加筆修正したものである。共同研究の推進にあたりお世話になった方々や今回の執筆にあたり取材に応じてくださった方々に、この場を借りて感謝の意を表したい。

【註】

1　金融教育の定義は、目下のところ、論者によってさまざまである。さしあたりの指標としては、「お金や金融のさまざまなはたらきを理解し、それを通じて自分の暮らしや社会について深く考え、自分の生き方や価値観を磨きながら、より豊かな生活やよりよい社会づくりに向けて、主体的に行動できる態度を養う教育」（金融広報中央委員会 2007）という定義を念頭に置いておきたい。ちなみに、金融庁や内閣府においては、金融教育と類似する経済教育は、「国民一人ひとりの金融やその背景となる経済についての基礎知識を高め、日々の生活の中でこうした基礎知識に立脚し、自立した個人として合理的に意志決定する能力を身につけてもらうために行われる教育や訓練」（内閣府経済社会研究所 2005）と定義されている。

2　「金融機関が金融教育に取り組むことは……顧客との信頼関係の構築・維持など将来の顧客開拓にもつながる」（木村 2006: 45）という見込みが明言される場合もある。

3　具体的な授業実践については、たとえば『道徳教育』九月号（2007年）を参照。また、『金融教育プログラム』（金融広報中央委員会 2007）などにも、具体的な授業に関する詳しい提案が掲載されている。

4　「側面図」と「正面図」については、歴史に関する野家啓一（1996）の論考から発想を得た。

5　本授業は、東京学芸大学とみずほフィナンシャルグループとの金融教育共同研究プロジェクトの一環として、二〇〇七年六月に計三回にわたって、東京学芸大学附属竹早小学校の6年生を対象として実施された。

6　とりわけ、子どもたちに大きな迷いがみられたのは、彼ら彼女らになじみの薄い株取引に話題の焦点が当てられたときであった。金融という貨幣のコミュニケーションを扱おうとする場合、伝統的な「金銭教育」において主たるテーマであった貯蓄（＝貯めるお金）の問題だけではなく、当然のことながら、投資（＝めぐっていくお金）の問題などが視野に入ってくる。この「めぐっていくお金」については、価値の問題がよりいっそう複雑化する。貯蓄することを悪いことだと思う子どもはほとんどいないが、株を買うことはよいことどうかと問うと、子どもたちの回答は往々にして二分する。

7　図3の作成にあたっては、金融広報中央委員会 2005:9を参照した。

8　ここでは、「社会的・経済的な環境変化を背景にして、個人一人ひとりが自己決定を迫られる機会が拡大しており、自己責任が全うできうるために必要とされる『生きる力』を養成することが重要となっている」（木村 2006:42）、また、「生きる力の一つとして、国民のフィナンシャル・リテラシーを高める金融教育への関心が高まっている」（ibid.）といった論述を、念頭に置いている。

9　文脈は異なるが、『パパラギ』にみられる〈近代／非近代〉図式にもとづく教育の可能性と限界については、山名他 2005 を参照。

【文献】

足立康徳 2007「将来を担う次世代の育成に向けた金融教育への取り組み」『道徳教育』（特集　金銭教育と道徳教育）九月号（No.590）、明治図書、九―一一頁。

金井肇・山野井典男・向井泉ほか 2004「いまなぜ、金融教育なのか?:家庭と学校が連携して子どもの『自立する力』を育む」『教育ジャーナル』四月号（第四三号）、二八―三五頁。

木村俊文 2006「金融教育の現状と課題――金融機関が取り組む意義」『農林金融』四月、三九―四七頁（ＰＤＦ版）。

金融経済教育懇談会 2005『金融経済教育に関する論点整理』金融経済教育懇談会（ＰＤＦ版）。

金融広報中央委員会 2005『金融教育ガイドブック』金融広報中央委員会。

金融広報中央委員会 2007『金融教育プログラム』金融広報中央委員会。

ツイアビ　2002『絵本パパラギ――はじめて文明を見た南の島の酋長ツイアビが話したこと』（ショイルマン、E．編、岡崎照男訳、和田誠絵・構成）立風書房。

「道徳」編集委員会編 2006『どうとく2　みんなたのしく』東京書籍。

内閣府経済社会研究所 2005『経済教育に関する研究会　中間報告書』内閣府経済社会研究所（ＰＤＦ版）。

西平直 1997「デス・エデュケーションとは何か」竹田純郎ほか『〈死生学〉入門』ナカニシヤ出版。

野家啓一 1996『物語の哲学――柳田國男と歴史の発見』岩波書店。
日本銀行情報サービス局 2005『日本銀行の広報活動と金融教育分野での取り組み』(PDF版)。
ヘンリー、O. 2001『最後のひと葉』(金原瑞人訳『賢者の贈り物』所収)岩波書店。
山名淳 2007「なぜ道徳教育にとって『お金』は重要なのか――『お金よりも大切なこと』と『お金において大切なこと』の間」『道徳教育』(特集 金銭教育と道徳教育)九月号(No. 590)、明治図書、六―八頁。
山名淳・相川充・浅沼茂・渋谷英章・橋本美保 2005「グローバル・シティズンシップ育成に向けての実践的教材開発」『東京学芸大学紀要(第一部門、教育科学)』第五六集、五七―七〇頁。

第5章

教育グローバル化の諸相
―― フランスの場合 ――

上原秀一

〈概要〉

教育の世界標準への対応としての教育のグローバル化は、さまざまな教育段階に現れている。例えば、義務教育終了段階の学力を国際比較する OECD の「PISA 調査」、大学入学資格の世界標準化に向けた動きであるスイスの財団による「国際バカロレア」、高等教育段階の学位区分をヨーロッパ域内で調和させようとする「ボローニャ・プロセス」などである。本書では、これら教育のグローバル化の諸相について、従来、文化的多様性を重んじて経済や文化のグローバル化に消極的な姿勢を示してきたフランスの事例を紹介する。フランスは、隣国ドイツと違って PISA 調査からショックを受けることはなく「国際バカロレア」は自国の本家バカロレアのライバルとみなし、「ボローニャ・プロセス」は反グローバル化の戦略としてリードしたのではないかと見られる。このような傾向は、2007 年 5 月に就任したサルコジ新大統領の下で、今後、変化するであろうか。

1 グローバル化と文化的多様性

二〇〇七年五月に行われたフランスの大統領選挙において、「もっと働きもっと稼ごう」というスローガンで米英流の自由化による経済の立て直しを掲げたニコラ・サルコジ氏が当選した[1]。サルコジ新大統領は、伝統的な平等型社会を見直して競争原理に重きを置いた経済政策を掲げる一方、外交面でも、前シラク政権下でイラク戦争への対応を巡って悪化したアメリカ合衆国との関係の改善に努めている。「グローバル化」の内実にアメリカの経済・文化による世界制覇という側面があるとすれば、これへの抵抗力の代表として従来のフランスの外交政策や文化政策を見ることもできるかもしれない。サルコジ新大統領の下で、こうしたフランスの経済・社会の位置づけが今後どのように変化していくのか、これはグローバル化の問題を考える際の一つの材料になるのではないだろうか。そして、教育のグローバル化についても同様ではないだろうか。

サルコジ大統領は、就任後初の新学年開始に合わせて、二〇〇七年九月、全国の教員に向けたメッセージを発表し、知識主導型経済と情報革命の挑戦に応える「二一世紀の教育原則」を確立しようと訴えた。『教育者への手紙』[2]と題されたこの文書は、フランス中部の都市において大統領によって教員の前で読み上げられるとともに、八五万人の初等中等高等教育教員の自宅宛に郵送された。国家元首である大統領が個別の内政問題について具体的な政策方針を示すのは異例のことであり、『ル・モンド』紙は、三二頁に及ぶこの『手紙』を大統領の事実上の「教育マニフェスト」であると評した[3]。サルコジ大統領は、『手紙』において、「グローバル化」(mondialisation) という言葉は一度も使っていないが、次のように「世界の平板化」(aplatissement du monde) への危機感を表明して、文化的多様性が重要であることを訴えている。

「世界の平板化という脅威に直面するいま、私たちの義務は、文化的多様性を促進することにあります。この義務のために、私たちは、我々に固有のアイデンティティを守り、我々の知的、道徳的、芸術的な伝統の中にある最良のものを取り出し、それを子どもたちに伝え、彼らがそれをすべての人にとって生き生きとしたものであり続けるようにするようにしなければなりません。なぜなら、すべての文化と文明の遺産は、人類全体のものであるからです。私たち自身が、人間精神の獲得物と創造物のすべての相続人であるのです。私たち自身が、初めての地球文明を生み出しつつある文化相互の豊饒化に貢献してきた偉大な文明すべての相続人であるのです。」[4]

この箇所でサルコジ大統領は、「世界の平板化」を危惧してフランスに固有のアイデンティティや伝統を重視するように訴える一方で、そうしなければならないのは「すべての文化と文明の遺産は、人類全体のもの」「人類全体のものである」からだと述べている。これは、すべての文化と文明の遺産が「人類全体のもの」

として尊重されなければならない、その一部としてフランス文化が尊重されなければならないという論理である。すなわち、文化的多様性を促進するためにフランス固有のものを守らなければならないが、それは、「私たち」（フランス人）がフランス固有のものを含む文化・文明全体の相続者とならなければならないからだ、ということである。「初めての地球文明」（la première civilisation planétaire）という言葉からは、グローバル化のポジティブな側面が連想されるが、このようなポジティブな側面はサルコジ大統領にとって文化的多様性の帰結として現れるものなのであろう。

グローバル化を文化的多様性の尊重の帰結としてとらえるこうした構えは、サルコジ氏の独創的な意見というよりは、これまでのフランスの教育のグローバル化への対応の中にも見られる一つの傾向なのではないだろうか。それは具体的にどのように現れているだろうか。フランスの教育は、どのようにグローバル化への順応あるいはそれとの戦いを行ってきたのであろうか。フランスの教育の世界標準への対応の動きは、さまざまな教育段階に現れている。義務教育終了段階の学力を国際比較するＯＥＣＤの「ＰＩＳＡ調査」、大学入学資格の世界標準化に向けた動きであるスイスの財団による「国際バカロレア」、高等教育段階の学位区分をヨーロッパ域内で調和させようとする「ボローニャ・プロセス」、以下、これらを順にとりあげ、フランスにおける教育グローバル化の諸相を探ってみたい。

２　義務教育――ＰＩＳＡ（「生徒の学習到達度調査」）

フランスの新聞や雑誌に掲載される風刺画には、フランス共和国を象徴する若い女性像がよく登場する。この女性はマリアンヌといい、フランス国旗と同じ青白赤のトリコロール（三色）の印の入った三角帽をかぶっている。読者は、風刺される事象に応じて、いろいろな表情のマリアンヌを目にするが、二〇〇七年一二月五日の『ル・モンド』紙には、一風変わったマリアンヌ像が掲載された。お父さんに叱られる子どものマリアンヌである[5]。この日は、ＯＥＣＤ（経済協力開発機構）による「生徒の学習到達度調査」（ＰＩＳＡ）の二〇〇六年調査が世界同時に公表された翌日であった[6]。通知表を見たお父さんはマリアンヌを、「私がＯＥＣＤでどう見られると思ってるんだ？　どうでもいいと思ってるんだろう？　ええ？」と叱るが、マリアンヌの方は、ほんとうにどうでもよさそうな、しらけた表情をして無言でお父さんを見返している。

ＰＩＳＡの調査結果は、ＯＥＣＤ平均が五〇〇点となるよう調整された得点で表されるが、マスコミでは通常、得点の変化よりも参加国中の順位の変化に注目が集まる。『ル・モンド』紙も、今回の調査結果を順位で示し、フランスが前回から大幅に順位を下げたことを報じた。そして、記事の本文では、「フランスでは、PISAはあまり真剣に受け止められてこなかった。二〇〇六年調査で、状況は変わるだろう」としている。普段は可憐なマリアンヌをしらけた反抗的な表情で描くことで、風刺画の作者は、従来のフランス国内でのPISA調査結果の冷めた受け止められ方が今回の順位下落をもたらした、と揶揄しているようでもあるし、PISA調査の結果にいちいち右往左往したくないフランス人の気持ちをマリアンヌに代弁させているようでもある。フランス政府が過去のPISAの調査結果を活用してこなかったということはないのだが、PISAの低成績を表す「PISAショック」という流行語が生まれ、教育改革のきっかけとなった隣国ドイツと比べれば、確かにフランスの反応は冷めている。

ＯＥＣＤのPISA調査は、二〇〇〇年の第一回調査から二〇〇三年、二〇〇六年と三年おきに行われ、今回の二〇〇六年調査が三回目となる。PISA調査は、多くの国で義務教育が終了する一五歳児を対象に、読解力、数学的リテラシー、科学的リテラシーの三分野で共通のテストを行うもので、各国の義務教育のアウトプットを学習内容の面で客観的に比較するための画期的な調査として広く注目されている。フィンランドの教育が日本で頻繁に紹介されるようになったのも、同国のこの調査の成績が極めて良好だったからである。この調査でフランスは、過去二回の結果では中位に位置していたが、今回、順位が大幅に下がった。二〇〇六年は、ＯＥＣＤ加盟三〇か国中で、読解力が前回の一四位から一七位に（日本は一二位。一位は韓国）、数学的リテラシーは一三位から一七位に（日本は六位。一位はフィンランド、二位韓国と有意差なし)、科学的リテラシーが一〇位から一九位に(日本は三位。一位はフィンランド)それぞれ順位を下げたのである。

ドイツでは、第一回の調査結果が惨憺たるものであったため(読解力が参加三一か国中二一位、数学的リテラシーが二〇位、科学的リテラシーが二〇位)、その後、従来半日で授業が終わっていた小学校の在校時間を延長するなどの学力向上策を連邦全体で進めた[7]。一方、フランスでは、二〇〇〇年と二〇〇三年の調査結果はドイツほどひどくはなく、中位であったため、さほどのインパクトは与えなかったと言われている。しかし、あまり目立たないが、実際には政府は、PISAの結果を丁寧に分析し、活用しているようだ。OECDによる結果公表の直後に六頁の速報で分析を加え[8]、さらに数年をかけた分析結果を冊子として公表している(二〇〇〇年調査の結果は二〇〇二年に、二〇〇三年調査の結果は二〇〇七年に出版)[9]。ただし、個別の学力向上策が政府によって発表される際に、その必要性を説明する材料としてPISAが用いられたことはないと言ってよいだろう(この点がまさにドイツと対照的である)。

しかし、PISAの第二回調査と第三回調査の間に、フランスでは義務教育に焦点を当てた大規模な教育改革がスタートしたことに注目すべきであろう。今後の初等中等教育改革の基本方針を定める「学校の未来のための基本計画法」が、二〇〇五年四月に制定され、義務教育段階(小学校、中学校)の改革にとくに焦点が当てられたのである。具体的には、フランスの教育課程の歴史において初めて、義務教育段階において全員に完全習得を保障すべき内容を政令で定めることとし、そのための個別支援体制も整備することとされた。同法に基づき、国民教育省外に設置された有識者九名の委員会による検討を経て、二〇〇六年七月に七項目の「共通基礎知識技能」が制定され、これを基に二〇〇七年四月には国の教育課程基準が改訂され、同年九月から実施されている[10]。

「共通基礎知識技能」は、「社会から疎外されないために義務教育終了時点で全員が習得していなければならない事柄」として、①フランス語の習得、②一つの現代外国語の実用[11]、③数学の基礎原理及び科学的技術的教養、④情報通信に関する日常的な技術の習得、⑤人文的教養、⑥社会的公民的技能、⑦自律性及び自発性、という七項目を掲げ、それぞれについて、現代における基本的な「知識」(Connaissances)、知識をさまざまな状況において活用するための「能力」(Capacités)、及び探求心、自己と他者の尊重、好奇心、創造性など生涯にわたって必要な「態度」(Attitudes)の組み合わせによって内容を示している。そして、こうした内容構成の原理を説明した前文では、「共通基礎の定義は、生涯にわたって必要な知識技能の比較尺度を提案するOECD生徒の学習到達度調査(PISA)などの国際評価を参照する」と明記されているのである。

PISA二〇〇六年調査の結果が公表された二〇〇七年一二月に、国民教育省は、前回同様、結果の分析を速報で公表した[12]。そこでは、今回の調査でとくに重点的に調べられた「科学的リテラシー」について、マスコミとは異なり、順位ではなく得点に注目し、前回同様OECD平均とほぼ同等(OECD平均五〇〇点、フランス四九五点)と指摘した。その上で、フランスの生徒の弱点が次のように分析

義務教育段階における「共通基礎知識技能」の構成

＊以下は，2006年7月11日付け政令第2006-830号付録に列挙された，義務教育段階における「共通基礎知識技能」の内容を要約してその全体的な構成を示したものであり，同付録の翻訳ではない。

＊7項目からなる「共通基礎知識技能」は，「社会から疎外されないために義務教育終了時点で全員が習得していなければならない事柄」として，現代における基本的な「知識」，知識をさまざまな状況において活用するための「能力」，及び探求心，自己と他者の尊重，好奇心，創造性など生涯にわたって必要な「態度」の組み合わせによって構成される。

＊「共通基礎知識技能」の習得に向けた学習は，各学年，各教科の学習指導要領で具体化される。

1．フランス語の習得

知識：語彙（正確な意味理解）。文法（句読法，構文，接続詞，動詞活用，時制，法）。綴り。

能力：読解（音読，解釈等）。筆記（書写，作文等）。口頭表現。辞書等の道具の使用。

態度：言語表現の正確さの重視。語彙拡大への意欲。読書への関心。会話や討論への積極性。

2．一つの現代外国語の実用

知識：日常的なメッセージの理解・伝達に必要な言語規則（語彙，文法，発音，綴り）の習得。

能力：日常的な状況における意思疎通（短文の聞き取りと読解，口頭・筆記による伝達など）。

態度：文化の多様性に対する感受性（外国語使用への意欲と別の思考行動様式への理解）。

3．数学の基礎原理及び科学的技術的教養

A．数学の基礎原理

知識：暗算，証明，推論の習得。数，計算，データ，関数，幾何及び測量に関わる概念の理解。

能力：小数・分数計算，作図・作表，データ分析などによる数学原理の日常生活への応用。

態度：論理的法則の存在の理解。厳密さと正確さ。合理的事実の尊重。推論への関心。

B．科学的技術的教養

知識：宇宙，地球，物質，生物，エネルギー，人体などに関わる概念の理解。
能力：観察，実験などによる知的な推論。科学と技術の関係の理解。危険回避への知識の活用。
態度：自然現象の原因への興味と批判的な精神。科学と技術の進歩や環境問題などへの関心。

４．情報通信に関する日常的な技術の習得
知識：基礎的技術。情報のコード化に関する理解。知的所有権や人権を守るための規則の理解。
能力：データの作成，処理，検索。参考資料の収集。意思伝達と交流。
態度：情報の収集と交換の際の責任ある態度（情報の批判的検討と責任ある情報発信）。

５．人文的教養
知識：地理的・歴史的な基準の獲得。欧州文化の共有。世界の宗教や政治などの理解。
能力：さまざまな図表の利用。さまざまな事象の歴史的・地理的な位置づけ。
態度：文化的な生活への意欲。芸術作品や外国への興味。人間経験に普遍性があるという意識。

６．社会的公民的技能
Ａ．社会で生きる
知識：集団規則，行動規範，礼儀の理解。性，健康，安全に関する教育。応急手当の知識。
能力：学校規則の遵守。集団作業。行動の結果の評価。応急手当資格の取得。交通規則の遵守。
態度：自己，他者，異性，私生活の尊重。争いの平和的解決。他者の重要性に対する意識。
Ｂ．公民生活を準備する
知識：「人権宣言」，「児童の権利条約」，共和国の象徴，民主主義などに関する理解。
能力：偏見への批判。合理性と権威性の区別。情報やメディアの検討。自己の意見の確立。
態度：権利と義務の意識。公共生活への関心。投票の重要性の認識。市民活動への参加の意思。

７．自律性及び自発性
Ａ．自律性

知識：学習過程や自己の長所・短所の理解。企業，職種，資格など経済環境の理解。
能力：学習方法の習得。論理的に推論する力。自己評価。進学先の選択。忍耐力。身体の制御。
態度：学習動機。自信。成功と進歩への意欲。

B．自発的精神

知識：個人的集団的な計画を実行するのに役立つ他の共通基礎知識技能の内容すべて。
能力：計画，協力者の発見，リスクに配慮した決定，会議開催，作業の優先順位付けなどの力。
態度：好奇心と創造性。目標達成のための動機と決断力。

された。すなわち、フランスの生徒は、「教室で接することのない日常的な状況において、知識を用いて現象を科学的に説明することが苦手」だと言う。ＰＩＳＡにおける「科学的能力」は、「科学的な疑問を認識すること」「現象を科学的に説明すること」「科学的な証拠を用いること」に三区分されており、フランスは、二番目の「現象を科学的に説明すること」に関する得点がＯＥＣＤ平均を下回っているからである。また、「問題に示された状況がどの科目に関連するのかが即座にわかるような場合でないと、知識を用いることができない」とも指摘されている。

次回のＰＩＳＡ調査は二〇〇九年に行われ、その結果は二〇一〇年に公表される。この調査を受ける子どもは、二〇〇七年九月から実施された新しい教育課程基準で二年間しか学ばないのだから、早急に大きな成績改善が期待されているわけではないだろう。とはいえ今後、フランス政府は、ＰＩＳＡ調査も一つの重要な参考としながら、「学校の未来のための基本計画法」の成果を測り、改革戦略の調整に利用していくのではないかと思われる。次はどのようにマリアンヌが描かれるだろうか。

[3] 後期中等教育——国際バカロレアとバカロレア国際オプション

我が国には、「大学入学に関し高等学校を卒業した者と同等以上の学力があると認められる者の指定」という文部省告示がある（昭和二十三年五月三十一日文部省告示第四十七号）。数次の改正を経て、現在、この告示では、高卒と同等以上の学力があると認められる者が、二三項目にわたって指定されており、そのうち第二〇〜二三の四項目が国際的な資格に関する指定となっている。第二〇には、「スイス民法典に基づく財団法人である国際バカロレア事務局が授与する国際バカロレア資格を有する者で十八歳に達したもの」、第二一には、「ドイツ連邦共和国の各州において大学入学資格として認められているアビトゥア資格を有する者で十八歳に達したもの」、第二二には、「フランス共和国において大学入学資格として認められているバカロレア資格を有する者で十八歳に達したもの」がそれぞれ指定されている（第二三は我が国における米国・英国の教育施設に関する規定）。

この指定により、我が国においては、国際バカロレア機構（ＩＢＯ）の「国際バカロレア」やドイツの「アビトゥア」、フランスの「バカロレア」を取得した者には、高等学校卒業者と同様に大学に入学することが認められている。ここで言う「国際バカロレア」は名称は似ているが相互にまったく無関係な別の資格である。フランス政府は「国際バカロレア」と「バカロレア」の同等資格とは認めていないが、こうした姿勢には、同国の教育グローバル化対応の在り方の一端が現れているのではないだろうか。「国際バカロレア」(ＩＢ)を実施する「国際バカロレア機構」は、一九六八年に設立された非営利民間団体であり、欧州評議会(Council of Europe)やユネスコ(国連教育科学文化機関)といった国際機関からも支援を受けており、国際的に広く認知された団体であるが、フランス政府はこれとの関わりに積極的ではない。

「国際バカロレア」は、国際学校の卒業者の大学入学レベルの学力を証明しようとする資格であり、その取得者には、主としてアングロサクソン系の一一〇か国以上の一七四五大学で入学が認められているとされる。この取得を希望する者は、ＩＢＯからライセンスを購入した学校において、一六～一九歳を対象とした中等教育最終二学年に相当する「ディプロマ・プログラム」(ＤＰ)のカリキュラムを履修しなければならない。ＤＰは、「課題論文」「知識の理論」「創造性・活動・奉仕」という三つの学習を中核とし、これらを取り巻く「第一言語」「第二言語」「個人と社会」「実験科学」「数学と情報処理」「芸術」の六科目で構成されている。ＤＰの最終試験は、毎年、北半球では五月に南半球では一一月に実施され、四五点満点の二四点で合格となる[13]。

一方、フランスの「バカロレア」は、フランスの三年制高校（lycée）及び四年制職業高校（lycée professionnel 後半二学年は任意）の最終二学年で受験する国家試験の合格者に授与される国家資格であり、その取得者には、フランスの国立大学への無選抜での入学が認められる（国立大学のほかに選抜制のエリート教育機関グランゼコールがあり、そこに入学するにはバカロレア取得後二年間の準備級で勉強した後、入学試験を受験しなければならない）。バカロレアには、高校や職業高校のコースに応じて、普通・技術・職業の三種類があり、それぞれがさらに下位区分されていて、試験科目が異なっている[14]。しかし、資格としてはすべて同等であり、例えば文系のバカロレア取得者も医学部に無試験で入学できる（ただしこういう場合、大学二年にはほとんど進級できない）。バカロレア試験は毎年六月に全国一斉に行われ、二〇点満点の一〇点で合格となる[15]。

フランスの高校と職業高校では、バカロレア資格の試験科目に合わせて国のカリキュラム基準が厳密に規定されており、公立学校と大部分の私立学校にはこれに従うことが義務づけられている。フランスにある学校で国際バカロレアのDPカリキュラムを提供できるのは、公財政からの支援を一切受けない「非契約私立学校」と呼ばれるごく一部の私立学校に限られている。このように、フランス政府は、国際バカロレアを公認しておらず、これまでその存在に言及することすら極めて稀であった。しかし、二〇〇五年に国民教育省は、欧州統合に向けて国際教育交流を促進するための資料として、バカロレアをイギリスのAレベル資格、ドイツのアビトゥア資格、スペインのバチレラート資格と比較した資料を公表し、その中で国際バカロレアにも言及している[16]。

しかし、ここでは、国際バカロレアは、フランスがバカロレアの一種として外国人向けに提供しているバカロレア国際オプション（ＯＩＢ）のライバルとして紹介されており、ＯＩＢが「国外において国際バカロレアとの競合関係に苦しんでいる」と述べられている[17]。フランスでは、一九八一年から小中高校で「国際科」（section internationale）の設置が開始された。「国際科」とは、外国人児童生徒のフランスへの統合とフランス人児童生徒の外国語学習を目的に設置されるフランス人と外国人の混合コースであり、外国人児童生徒を二五～五〇％在学させ、歴史、地理及び文学の授業の一部を外国人教員が外国語で行う。「バカロレア国際オプション」（option internationale du Baccalauréat）は、高校国際科の生徒が受験する特別なバカロレアであり、取得試験において、歴史、地理及び外国語の試験の一部が相手国言語で実施される[18]。

フランス政府は、国内外で国際科の設置を積極的に進めており、二〇〇六年現在、国内では一三種類（ドイツ、アメリカ、アラビア、イギリス、デンマーク、ノルウェー、スウェーデン、スペイン、イタリア、日本、オランダ、ポーランド、ポルトガル）の国際科を、小学校で計二九校、中学校で計七七校、高校で計七四校に設置している。国外では、七か国（アルジェリア、ベルギー、アメリカ合衆国、日本、モロッコ、スウェーデン、チュニジア）に一七校を設置している[19]。フランス政府の意向としては、国内の外国人学校と国外のフランス人学校においてＯＩＢを一層普及させていきたいのであろうが、実際には国際バカロレアのカリキュラムとの競合関係のために希望通りの普及ができていないということであろう。

また、近年では、ＯＩＢに加えてもう一つ、フランス政府が進める教育の国際化戦略がある。「二国間バカロレア」(baccalauréat binational) である。これは、二〇〇六年の法令改正[20]によって正式に導入されたもので、外国との国際協定に基づき、バカロレアと相手国の大学入学資格を同時に授与するものである。二国間バカロレアのモデルとなったのは、「仏独アビバック」(AbiBac) と呼ばれる資格で、ドイツの「アビトゥア」とバカロレアを合わせて命名されたものである。ドイツ政府との国際協定に基づき、ドイツの中等学校と姉妹校提携をした高校において、歴史、地理及びドイツ文学の授業をドイツ語で受け、バカロレア試験においてドイツ語で行われる当該教科の筆記試験を受験して合格した者に授与される。従来、一部の地域で実施されてきたが、二〇〇七年以降は全国で実施されている[21]。

このようにフランスは、国家の枠を超えた民間の国際バカロレアによる教育の国際的標準化には対抗しつつ、二国間協力の拡大によって後期中等教育の国際化を進めようとしている。

４　高等教育――ボローニャ・プロセス

フランスの大学の課程区分は、従来、二年制の第一期課程 (ＤＥＵＧ)、二年制の第二期課程 (リサンス、メトリーズ）、四年制の第三期課程（DEA、博士）の三段階で構成され、各課程の中間においても免状取得を課すという複雑な制度であった。この制度においては、フランスの大学免状と諸外国の大学の学位との対応関係が不明瞭であるため、国際化にとって好ましくないとされていた。この課程区分を三年制の学士課程、二年制の修士課程、三年制の博士課程に改めるという大規模な改革が二〇〇二年度から二〇〇六年度にかけてすべての大学で行われ、二〇〇七年八月に制定された「大学自由責任法」では、新課程区分に合わせた法改正が行われた[22]。新課程区分は、通算年数で「三―五―八制」あるいは学士（licence）、修士（master）、博士（doctorat）の頭文字から「LMD制」と呼ばれる。この改革は、「ヨーロッパ高等教育圏構想」というヨーロッパ諸国が共通に進めている教育課程段階区分の調和に向けた動きに対応したものである。

「ヨーロッパ高等教育圏構想」は、一九九九年の「ボローニャ宣言」に基づいてヨーロッパ全体で進められている改革であり、「ボローニャ・プロセス」とも呼ばれる。「ボローニャ宣言」は、一九九八年五月にフランス、イタリア、イギリス、ドイツが署名した「ソルボンヌ宣言」を受けて、一九九九年六月に二九か国が署名したものであり、①三年以上の学部（undergraduate）とその後の大学院（graduate）の二段階構造の構築、②大学における一年間の学習量を六〇単位で統一的に表示する「欧州単位制」（ECTS）を利用した交換可能な単位制の導入などによって、参加各国の高等教育に共通の枠組みを構築していこうとするものである。ボローニャ・プロセスの事後点検会合は二年に一回行われており、毎回参加国が増え、二〇〇七年の会合では四六か国に拡大している[23]。

ボローニャ・プロセスが開始される前のフランス政府の動きを振り返ってみると、「ヨーロッパ高等教育圏」という理念がグローバル化への危機意識に端を発していることがわかる。当時の社会党ジョスパン内閣は、高等教育改革に向けて、社会党ミッテラン大統領（一九八一〜一九九五年在任）の政策顧問として活躍した経済学者ジャック・アタリを座長とする諮問委員会を設置しており、同委員会は、「ソルボンヌ宣言」直前の一九九八年二月に『高等教育のヨーロッパモデル構築に向けて』と題する報告書（通称「アタリ・レポート」）を提出した[24]。この報告書で提言されたさまざまなアイデアをベースに、フランスは、「ソルボンヌ宣言」と「ボローニャ宣言」を主導したのである。この報告書では、高等教育のグローバル化への危機意識が以下のように示されている。

アタリ・レポートは、市場のグローバル化の活力が教育に応用されたならば、次のような「標準化された高等教育の世界モデル」が実現されることとなるだろう、と述べている。

「そこでは国家は身を引いて、市場が教育課程やキャリアコースを形作ることとなる。いまだ構想中のこの極端なモデルにおいては、大学は、『客』としての支払い能力のある生徒を国籍を問わず探し求める企業のようなものとなるであろう。大学は、世界市場において、『利潤』としての発展手段を最大化するために、『生産要素』としての教員と財源を最も良く引き寄せられるよう競争することとなる。（高等教育が共同体の責任ではなくなり、企業のための利潤の源となる）このモデルにおいては、ライバル意識と競争がすべての段階で働くようになる。学生は、銀行や金融市場において資金を調達して、自分自身の家庭の資金で費用を負担しなければならなくなるかもしれない。銀行や金融市場は、いまは技術革新企業に投資しているが、将来は同じように前途有望な学生に投資するようになるだろう」（八頁）。

フランスでは、グランゼコールなど大学以外の高等教育機関の設置形態はさまざまだが、大学（université）はすべて国立で、授業料は無償、バカロレアを取得した者は原則無選抜で入学させる。アタリ・レポートは、このように「国家」の責任で保障されているフランスの高等教育が、グローバル化によって崩壊させられてはならないという。すなわち、「地球レベルではいまだ初期の段階にあるこうしたグローバル化の進展が、もしもフランスにおいて具体化されるならば、それは共和国の基盤をすべて一掃してしまうだろう。とくに、共和国の重要な原則である教育に関する公共サービスへの接近の平等は、もはや保障されなくなるだろう。」（九頁）というのである。そして、次のようにヨーロッパ高等教育圏の必要性を訴えている。

「ヨーロッパ諸国は、制度を画一化することなく、教育課程と学位に一定の調和をもたらすよう決定し、官僚的でもなく市場に隷属するものでもないヨーロッパ固有のモデルを定めなければならない。ヨーロッパの規模だけでも、グローバル化を制御し、大学が史上初めて設立された大陸として固有の価値を促進するのに十分である」（九〜一〇頁）。

このようにフランスの高等教育は、一九九〇年代末から「ボローニャ・プロセス」として進められているヨーロッパ規模の国際化に積極的に参加する姿勢を示しているが、これは高等教育のグローバル化への第一歩としてではなく、それへの抵抗として構想されたものなのである。フランスの高等教育界は、上海交通大学の「世界研究大学ランキング」などの国際大学ランキングに次第に敏感になり[25]、また一部のビジネス系グランゼコールはアメリカのアクレディテーション団体（大学の認証評価団体）に認められた経済学修士号（ＭＢＡ）を授与するようになる[26]など、グローバル化への順応を進めているようにも見えるが、こうした「グローバル化」とアタリ・レポートに始まる「ヨーロッパ化」との関係が今後どのように展開していくのか興味深いところである。

5　教育とグローバル化の今後

以上、見てきたように、これまでのフランス政府の教育政策は、概してグローバル化に対する消極性を特徴とするものであったと言えるのではないだろうか。「ＰＩＳＡ調査」の結果への対応はドイツと対照的に冷めたものだったと言われているし、国際バカロレア財団の国際バカロレア資格に対しては本家バカロレアの実施者として二国間交流の多元化によって対抗しようとしているし、フランスがリーダーシップを積極的に担って進めている「ボローニャ・プロセス」についてはこれを高等教育の反グローバル化の動きとして構想されたと考え得る材料がある。

サルコジ新大統領は、就任三か月後の二〇〇七年八月、「フランスの経済成長力を解放するための条件」について検討させるため、専門家による「経済成長力解放委員会」(Commission pour la Libération de la Croissance Française)を設置した。委員長には、前節で紹介したジャック・アタリが任命され、社会党政権下で活躍した経済学者を保守派の大統領が起用したことが注目されもした。アタリ委員長は、二〇〇八年一月二三日、検討結果をまとめた最終報告書を大統領に提出し、三一六項目にわたる具体的な改革案を提言、その中で教育改革を経済成長にとって重要な要素と位置づけた[27]。三一六項目の具体策の全体的な意図を説明するために、最終報告書では八項目の「構想」(ambition)が掲げられている。

八項目のうち最初の「構想一」は、「青少年を知識主導型経済とリスク負担型経済に向けて準備する」とされており、経済成長策において教育改革を重視する姿勢が示されている。ここでは、初等中等教育においては、中学校一年生(通常一一歳)の終わりまでにすべての生徒がフランス語、読み書き算、グループ活動、英語及びコンピュータを習得できるようにするための手段を講じるとしている。また、高等教育においては、高等教育制度全体の卓越性の条件を定め、実際の大学キャンパスやインターネットによる「バーチャル・キャンパス」計一〇か所に大規模な高等教育拠点を設けるとしている。こうした基本方針に則り、幼稚園から大学までの学校教育制度の具体的な改善策が約四〇項目にわたって掲げられている。

また、これに続く「構想二」では、「グローバルな経済成長に完全に参加し、新しい経済成長のチャンピオンとなる」という考えが示されており、前節で紹介したアタリのグローバル化への懸念との関連で興味深い。ここでは「グローバル化を十分に受け入れないならば、フランスは現在及び将来のグローバルな力強い成長から得られるはずの利益を得ないことになる」としてグローバル化への積極的な姿勢が示されている。その理由は、次のように説明される。「数年前から新しい経済成長が出現している。それは、パフォーマンスと倫理を両立させようとするものであり、短期的な経済収益性と未来の世代への責任とを両立させようとするものである」と言うのである。すなわち、グローバル化に関する考えが数年前から変化し、「倫理」「未来の世代への責任」とのバランスが重視されているのだから、そういう意味でのグローバル化には積極的に参加すべきだ、ということであろう。

以下、「構想三」から「構想八」まで、中小企業対策や雇用労働政策、行政改革などの提言が続いている。サルコジ大統領は、アタリの最終報告書提出日の演説において、「委員会の提案にたじろいだ人々がいるかもしれないが、私はこれらは本質的に極めて理にかなった提案であると思う」と述べ、基本的に報告書の考えを受け入れる姿勢を示し、優先的に取り組むべき事項の確定に向けて政府内で検討を行うことを約束した。アタリの最終報告書には「グローバル化」という概念の内実の変化も示唆されている。今後のフランスの教育政策の展開をグローバル化への対応の変化という観点で外部から冷静に観察してゆくことが、教育とグローバル化の関係を我が国の文脈で考える際にも有益なのではないだろうか。

（うえはら・しゅういち）

【註】

1 サルコジ大統領は、社会党のロワイヤル候補を破って当選した。サルコジ氏は、二〇〇七年四月に発表した選挙綱領において、「私は購買力の大統領（le Président du pouvoir d'achat）になりたい。そのためにまず、民間部門においても公的部門においても、もっと働きもっと稼ぎたいという人々がそうできるようにしたい」と述べている。Sarkozy Nicolas, *Mon projet, Ensemble tout devient possible*. http://www.sarkozy.fr, 2007, p.8.

2 Sarkozy, Nicolas, *Lettre aux éducateurs*. http://www.elysee.fr, 2007.

3 *Le Monde*, No.19475. Mercredi 5 septembre 2007, p.1, p.10.

4 Sarkozy, Nicolas, *Lettre aux éducateurs, op.cit.*, p.15.

5 *Le Monde*, No.19553. Mercredi 5 décembre 2007, p.1, p.10.

6 国立教育政策研究所編『生きるための知識と技能３――ＯＥＣＤ生徒の学習到達度調査（ＰＩＳＡ）２００６年調査国際結果報告書』ぎょうせい、二〇〇七年。

7 文部科学省『諸外国の教育の動き２００３』国立印刷局、二〇〇四年、一一一頁。

8 Ministère de l'éducation nationale, *Note d'information*, 01.52, 2001. Ministère de l'éducation nationale, de l'enseignement supérieur et de la recherche, *Note d'évaluation*, 04.12, 2004.

9 Ministère de la jeunesse, de l'éducation nationale et de la recherche, *Les compétences des élèves français à*

l'épreuve d'une évaluation internationale, Premiers résultats de l'enquête PISA 2000. Les Dossiers 137, 2002. Ministère de l'éducation nationale, de l'enseignement supérieur et de la recherche, *L'évaluation internationale PISA 2003 : compétences des élèves français en mathématiques, compréhension de l'écrit et sciences*. Les Dossiers 180, 2007.

10　以下を参照。文部科学省『フランスの教育基本法』国立印刷局、二〇〇七年。文部科学省『諸外国の教育の動き２００６』国立印刷局、二〇〇七年、九五～九七頁。小野田正利・園山大祐「フランスにおける『知識・技能の共通基礎』の策定の動向」研究代表者山根徹夫『諸外国における学校教育と児童生徒の資質・能力』国立教育政策研究所、二〇〇七年、三一～六一頁。教育課程基準の改訂については、文部科学省『諸外国の教育の動き２００７』二〇〇八年（刊行予定）を参照。

11　「共通基礎知識技能」においては一つの外国語習得が掲げられているが、政府はフランス語のほかに二言語の習得を目標としており、第一外国語が小学校から、第二外国語が中学校から必修となっている（文部科学省『諸外国の教育の動き２００５』国立印刷局、二〇〇六年、一〇〇～一〇一頁を参照）。この目標はフランスでは一九九四年に法定されたものであるが、欧州連合（ＥＵ）においても同様に母語以外の二言語習得という共通目標が二〇〇二年に掲げられている。この目標は、ＥＵの「リスボン戦略」を具体化するための一三の目標の一つとして掲げられている。「リスボン戦略」とは、教育を初めて議題とした二〇〇〇年三月のリスボン欧州理事会（ＥＵ首脳会議）における合意に基づく、「競争力ある力強い知識基盤型経済」を二〇一〇年までに実現しようとするＥＵの政策方針である。European Commission, Directorate-General for Education and Culture, *Education and training in Europe: diverse systems, shared goals for 2010, The work programme on the future objectives of education and training systems*. http://europa.eu.int, 2002, p.29.

12　Ministère de l'éducation nationale, *Note d'information*, 07.42, 2007. 一五歳児を対象とするＰＩＳＡ調査の標本抽出は、我が国では高等学校、中等教育学校後期課程、高等専門学校の一年生から行われている。フランスの初等中等学校制度は、六歳入学で五年制の小学校（école élémentaire）、四年制の中学校（collège）、二～四年制の高校（lycée 及びlycée professionnel）からなり、小学校から原級留置や飛び級が普通に行われているので、ＰＩＳＡ調査の標本抽出は、約六割が高校一年生から、約四割が中学四年生から、約三%がその他の学年から行われている。

13 International Baccalaureate Organisation, *21 things you should know about the IB*. http://www.ibo.org, 2007. Ministère de l'éducation nationale, de l'enseignement supérieur et de la recherche, *Baccalauréat, A-levels, Abitur, Bachillerato, certifications de fin d'étude secondaires en Europe*. les dossiers de l'enseignement scolaire. no.11, 2005, pp.28-30. 相良憲昭・岩崎久美子編著『国際バカロレア』明石書店、二〇〇七年。二〇〇七年五月のＤＰ最終試験の合格率は七九%となっている（International Baccalaureate Organisation, *The IB Diploma Programme statistical bulletin. May 2007 examination session*. http://www.ibo.org, 2007, p.36.）。ＤＰのほか、一一～一六歳児対象の「中等課程プログラム」（ＭＹＰ）と三～一二歳児対象の「初等課程プログラム」（ＰＹＰ）があり、三プログラム合計で、二〇〇六年現在、一二四か国二〇〇〇校において五〇万人の児童生徒が学んでいると言われる（International Baccalaureate Organisation, *International Baccalaureate Annual Review 2006*. http://www.ibo.org, 2006, p.6）。

14 バカロレアの試験科目については、文部科学省『諸外国の教育の動き２００５』国立印刷局、二〇〇六年、二三三～二四三頁を参照。

15 二〇〇六年のバカロレア試験合格率は八二%、同一世代におけるバカロレア取得者の割合は、六四%となっている（Ministère de l'éducation nationale et Ministère de l'enseignement supérieur et de la recherche, *Repères et références statistiques sur les enseignements, la formation et la recherche*. DEPP, 2007, p.235）。

16 Ministère de l'éducation nationale, de l'enseignement supérieur et de la recherche, *Baccalauréat, A-levels, Abitur, Bachillerato, certifications de fin d'étude secondaires en Europe*, les dossiers de l'enseignement scolaire. no.11, 2005, pp.28-30.

17 Ibid., p.30.

18 Décret no 81-594 du 11 mai 1981（BO no 22 du 4 juin 1981).

19 ÉduSCOL（http://eduscol.education.fr/D0128/accueil.htm). Les sections internationales en France（Direction générale de l'Enseignement scolaire - Publié le 10 avril 2006). Les sections internationales à l'étranger（Direction générale de l'Enseignement scolaire - Publié le 09 mars 2006).

20 Décret no 2006-1193 du 28 septembre 2006（BO no 38 du 19 octobre 2006).

21 ÉduSCOL（http://eduscol.education.fr/D0201/accueil.htm). Dispositifs franco-allemand（Direction générale de l'Enseignement scolaire - Publié le 29 décembre 2006).

22 Loi no 2007-1199 du 10 août 2007 relative aux libertés et responsabilités des universités（JO du 11 août 2007), L'article 35.

23 London Communiqué, Towards the European Higher Education Area: Responding to challenges in a globalised world. 18 May 2007.

24 Jacques ATTALI, *Pour un modéle européen d'enseignement supérieur*. 1998.

25 間渕泰尚「世界の主要大学ランキング」『ＩＤＥ』二〇〇七年一一月号、五五～六一頁は、ＵＳニューズ誌「アメリカのベスト大学」、タイムズ社「世界大学ランキング」、上海交通大学「世界研究大学ランキング」、ニューズウィーク誌「世界大学ランキング」を紹介している。このうち、フランスでは、上海交通大学のランキングへの関心が高いようである。*Le Monde*, No.19409. Mercredi 20 juin 2007, p.1, p.14. を参照。

26 私立の名門商業系グランゼコール高等経済商科学校（ＥＳＳＥＣ）の卒業証書は、米国のアクレディテーション団体ＡＡＣＳＢによって、一九九七年に欧州で初めてＭＢＡとして認定された（http://mba.essec.fr/formations-ecole-commerce-paris/mba)。

27 *RapportdelaCommissionpour laliberation de la croissance francaise*. Sous la presidence de Jacques Attali. http://www.liberationdelacroissance.fr/files/rapports/RapportCLCF.pdf. 文部科学省『諸外国の教育の動き２００７』

二〇〇八年（刊行予定）を参照。

第6章

グローバル社会における学力

―― コンテンツからコンピテンシーへ ――

山内紀幸

〈概要〉

「詰め込み（基礎・基本）」か「ゆとり（生きる力）」かの二分法の中で繰り返されてきた教育議論が再び登場し、今、振り子は「ゆとり」を離れようとしている。日本がそんな議論をしている間に、グローバル化はますます進行してきている。こうした不毛な議論から脱却するには、PISA 調査の国際順位で一喜一憂するのではなく、PISA 調査から見える日本の砂上の学力を直視すべきある。OECD の DeSeCo プロジェクトでのコンピテンシーは、今求められているグローバルな学力は何なのかを教えてくれる。いくつかの OECD 加盟国が、グローバル社会に対応させる際にまず始めたように、教科内容（コンテンツ）からではなくコンピテンシーの構造的な策定から、日本のカリキュラムの議論を開始すべきである。そこから、総合的な学習の時間も、教科に囚われない創造的な授業の展開の可能性も開けてくるのである。

1　問題の所在

二〇〇八年一月、これからの日本の教育の方向を左右する重要な報告が相次いで出された。次回の学習指導要領の基本的な枠組みを決定した中央教育審議会『幼稚園、小学校、中学校、高等学校及び特別支援学校の学習指導要領等の改善について（答申）』（二〇〇八年一月）、道徳教育の教科化と教科内容と授業時間の増加を目指した教育再生会議『社会総がかりで教育再生を・最終報告』（二〇〇八年一月）である。「『知』の大競争がこうしたグローバルに進む時代にあって、今、ただちに教育を抜本的に改革しなければ、日本はこの激しい国際競争から取り残される恐れがある」（教育再生会議 2008：1）。その手立てとして、いずれの報告も、いわゆる「ゆとり教育」を修正し、時数と教育内容を増やして基礎学力の向上を図ろうとしている。そこには、近年、相次いで発表された、経済協力開発機構（ＯＥＣＤ）の一五歳の生徒を対象とした「生徒の学習到達度調査」（ＰＩＳＡ）[1]における日本の国際順位の低下への国民的な危機感が見いだせる。

二一世紀は、経済、文化、政治とさまざまな分野で国際的な結びつきを深めるグローバル社会であり、工業化社会から知識基盤社会へ移行しつつある。この社会に生きていくためには、これまでの既存の知識を覚えて済むような学力ではなく、自ら進んで学んでいく力、さまざまな道具（メディア）を活用し相互的に使う力、多様な文化や社会の中で生きていく力が必要となってくる。グローバル社会の中で生きていくためのそれらを「グローバルな学力」と呼ぶとするならば、まさに今と問われるべきは、このグローバルな学力を如何に形成していくかであり、そのための手立てを打ち立てることである。

しかし、結局、中央教育審議会の答申や教育再生会議の報告書では、これまでの「詰め込み（基礎・基本）」か「ゆとり（生きる力）」かの二分法の中で繰り返されてきた教育議論が再び繰り返され、「ゆとり」から「詰め込み」へと大きく振り子が振れていこうとしているだけではないだろうか[2]。「総合的な学習の時間」の理念は、決して間違いではないのにもかかわらず、学力の国際的な順位低下を前にしてその削減を示唆し、教育内容の増加を行うというまさに教育改革というには程遠い、その場しのぎの旧来のやり方である。この中で、いつも取り残されているのは教育の現場であり、子どもたちである。苅谷が述べるように、日本が教育の全体のビジョンを持たないまま、古いステレオタイプの教育観に従って二分法の中で揺れ動き続けることの損失こそが問われるべきである（苅谷 2002）。

グローバル社会の中でまさに、日本の教育は大きな転換点を迎えなければならない。しかし、その転換点が、二分法の議論の中での往来であってはいけない。もっとも危惧されるのは、学力調査の国際順位の変動によって、その本質をとらえないまま、振り子運動を繰り返し続けるということである。

PISAショックの中で、今、教育議論としてまず展開しなければならないのは、「どうやって国際学力のトップを維持するか？」ではなく、「グローバル時代において教育はいったい何ができるのか？そしてそれは何のためなのか？」という問いである。おそらくその第一歩は、グローバルな学力を「生きる力」と同一視することでなく（中央教育審議会 2007:9）、それらを反省可能で参照可能な見える言語に変えていくことである。さらに、それらをもとに、見えにくいが重要なグローバルな学力を評価していくことを検討していくことである。この可視化作業に着手して初めて、グローバルな学力形成は可能になるだろう。以下、第二節でPISA調査の結果から日本が追い求める砂上の学力を確認したあと、第三節でOECDのDeSeCoプロジェクトでのキー・コンピテンシーを概観する。そして第四節で日本においてコンテンツ（教科内容）の枠組みから離れてコンピテンシーの議論を開始することの必要性を訴える。

2 砂上の学力

先に触れたように、今回、振り子が「詰め込み」へと振れようとした大きな動因は、OECDの実施した国際学力調査「生徒の学習到達度調査」（PISA）における日本の国際順位の低下であった。

表1　PISA 調査　科学的リテラシーの国際順位（国立教育政策研究所 2001; 2004; 2007 より作成）

科学的リテラシー	2006 年得点	2006 年順位	2003 年順位	2000 年順位
フィンランド	563	1	1	3
香港	542	2	3	－
カナダ	534	3	11	5
台湾	532	4	－	－
エストニア	531	5	－	－
日本	531	6	2	2
ニュージーランド	530	7	10	6
オーストラリア	527	8	6	7
オランダ	525	9	8	m
リヒテンシュタイン	522	10	5	24
韓国	522	11	4	1
スロベニア	519	12	－	－
ドイツ	516	13	21	20
イギリス	515	14	m	4
チェコ	513	15	24	11
OECD 平均得点	500			
OECD 加盟国の参加数		30	30	28
非 OECD 加盟国・地域の参加数		27	11	4
参加数合計		57	41	32

※　－は不参加を表す。

※　m は調査に参加したものの、調査の実施段階で 国際的な実施基準を満たさなかったため除かれていることを表す。

※　網掛けは OECD 非加盟国を表す。

※　2009 年調査では加盟･非加盟合わせて 64 カ国の参加が 予定されている（2007 年 12 月現在）。

二〇〇〇年の第一回ＰＩＳＡ調査で、科学的リテラシーで二位、読解力で八位、数学的リテラシーで一位だった順位が、二〇〇三年の第二回ＰＩＳＡ調査では、それぞれ六位、一四位、二位まで順位を下げた（表1、表2、表3）。二〇〇四年には文部科学省はこの結果を受けて「我が国の学力は世界トップレベルとはいえない」というコメントを出した。それまで日本は理数系のスコアで世界トップレベルであると信じてきた日本の人々に不安を与えるものだった。

そして二〇〇七年末に発表された二〇〇六年のＰＩＳＡ調査結果。科学的リテラシーで六位、読解力で一五位、数学的リテラシーで一〇位といずれも順位を下げた。二回連続の順位の下降によって、日本の学力は明らかに下がってきているという危機感が増した。マスコミは「『ゆとり世代』の学力　理数系トップ級転落」（『読売新聞』二〇〇七年一二月七日）として、学力低下の主犯としてゆとり教育を槍玉にあげた。

参加国数が増えていることを勘案すれば、順位の変動がすぐに学力低下を示すものではない。統計的にも二〇〇六年調査では、科学的リテラシーは三位のカナダから一一位の韓国までは有意な差はなく日本は依然として上位グループ、読解力は前回と変わらずＯＥＣＤ平均程度、数学的リテラシーはＯＥＣＤ平均より高得点のグループにある。

さて、ＰＩＳＡ調査の結果をどうとらえるか。

ここでは、二点を指摘しておきたい。まず一つめは、一連の国際順位変動は、たんなる日本の学力低

表2　PISA調査　読解力の国際順位（国立教育政策研究所　2001; 2004; 2007より作成）

読　解　力	2006年得点	2006年順位	2003年順位	2000年順位
韓国	556	1	2	6
フィンランド	547	2	1	1
香港	536	3	10	−
カナダ	527	4	3	2
ニュージーランド	521	5	6	3
アイルランド	517	6	7	5
オーストラリア	513	7	4	4
リヒテンシュタイン	510	8	5	22
ポーランド	508	9	16	24
スウェーデン	507	10	8	9
オランダ	507	11	9	m
ベルギー	501	12	11	11
エストニア	501	13	−	−
スイス	499	14	13	17
日本	498	15	14	8
台湾	496	16	−	−
イギリス	495	17	m	7
OECD平均得点	492			
OECD加盟国の参加数		30	30	28
非OECD加盟国・地域の参加数		27	11	4
参加数合計		57	41	32

表3　PISA調査　数学的リテラシーの国際順位（国立教育政策研究所　2001; 2004; 2007より作成）

数学的リテラシー	2006年得点	2006年順位	2003年順位	2000年順位
台湾	549	1	−	−
フィンランド	548	2	2	4
香港	547	3	1	−
韓国	547	4	3	2
オランダ	531	5	4	m
スイス	530	6	10	7
カナダ	527	7	7	6
マカオ	525	8	9	−
リヒテンシュタイン	525	9	5	14
日本	523	10	6	1
ニュージーランド	522	11	12	3
ベルギー	520	12	8	9
オーストラリア	520	13	11	5
エストニア	515	14	−	−
デンマーク	513	15	15	12
チェコ	510	16	13	18
アイスランド	506	17	14	13
OECD平均得点	498			
OECD加盟国の参加数		30	30	28
非OECD加盟国・地域の参加数		27	11	4
参加数合計		57	41	32

※　表2・3とも記号は表1に同じ。

下を意味しているというよりは、国際的な学力指標の変更であるという点である。これまで「日本の高い学力」の根拠とされてきた国際学力検査は、実はＰＩＳＡ調査とは別のＩＥＡ（国際教育到達度評価学会）による「国際数学・理科教育動向調査」（TIMSS［Third International Mathematics and Science Study］）[3]であった。ここでは、マークシート式で知識や計算力を求められる（**資料1**）。いわば、高校入試やセンター試験で問われるような、正答が一つの問題である。しかし、後に詳しく見るが、ＰＩＳＡの「科学的リテラシー」「読解力」「数学的リテラシー」でねらいとされている能力は、私たちが高校受験や定期テストで測られるような、計算のスピードや正確さ、細かな知識量を問うものでなく、それらの実生活での活用に評価の焦点を当てた広義のリテラシーである。そのリテラシーは文脈によっていくつも答えが出るような問題によって測られる（**資料2**、章末の**資料8**）。これらのリテラシーは、個々の教師たちによる魅力ある授業実践の中にそれらを育成する要素があったとしても、日本の学校教育のカリキュラムの中で正当に位置づけられてこなかったし、正当な評価の対象でもなかったのである。つまり、サッカーの練習をひたすらやってきて、バスケットの国際試合で結果を出せ、というようなものであり、そもそも学力を測るグローバルな物差しが大きく変わっているにもかかわらず、日本の生徒がハイスコアを出している点は驚きである。むしろ、日本の一五歳児は大健闘しているともいえる。

　そして二つめとして指摘しておきたいのは、私たちが見るべきものが、この学力得点の国際順位と同時に発表されたＰＩＳＡ調査の一五歳児へのアンケート結果であるということである（**表4**、**表5**）。

資料１　TISMM の数学の問題（文部科学省 2005 より）

$\frac{12}{n} = \frac{36}{21}$　のときｎの値は次のどれですか

① 3
② 7
③ 36
④ 63

資料２　PISA の数学的リテラシーの問題（ゴミ）（国立教育政策研究所　2005 より一部改変）

環境に関する宿題として、生徒たちは、人々が捨てたゴミの分解時間について、種類ごとに情報を集めました。

ゴミの種類	分解時間
バナナの皮	～３年
オレンジの皮	１～３年
ダンボール箱	0.5 年
チューイングガム	20 ～ 25 年
新聞	数日
ポリエステチレンのコップ	100 年以上

ある生徒は、この結果を棒グラフで表すことにしました。これらのデータを表すのに棒グラフが適していない理由を一つ挙げてください。

科学を学ぶ楽しさで、ＯＥＣＤ非加盟国も含めた全五六カ国で五五位、理科学習に対する動機付けでは全五六カ国中最下位となっている。この結果こそ、新聞記事のトップに来るべき事実である。日本の義務教育で学んだ科学の学習が、子どもたちにとって「つまらないもの」「役に立たないもの」と位置づけられていることは、これまで他の調査結果からも指摘されてきたところであるが（国立教育政策研究所 2005 など）、今こそ何のための教育なのかを、根本から考え直すことを始めなければならないだろう。

同じ傾向は韓国にも見られる。背景には、日本のみならずアジア諸国に見られる、高い教育熱があることは間違いない。ＯＥＣＤの他の国に比べ、アジア諸国では明らかに、一五歳児は高等教育を受けたいという強い願望を持っている。日本、韓国、香港、マカオ、タイでは、一五歳児の六〇％〜七〇％が高等教育を受ける願望をもち、韓国にいたっては、一五歳児の九五％が高等教育への進学を願望している（OECD 2006b=2006）。さらにアジアの各国では、選抜制度（高校入試、大学入試）とも相まって、日本が八〇年代でも経験してこなかったような、行き過ぎた受験戦争が展開され、子どもたちに過剰な期待がかけられている。とくに学校歴（学縁）が人生の成功を左右するとされる韓国では、一五歳児で正規の学校の授業以外に週に平均で一六時間も塾や家庭教師などで勉強しており（国立教育政策研究所 2005）、その数値はＯＥＣＤ諸国の中でも抜きん出ている（日本はＯＥＣＤ平均の四・五時間程度）。

さらに日本の場合、気になるデータがある。日本の一五歳児の努力値である（**表6**）。ＰＩＳＡ調査に

表4　PISA調査　科学の楽しさ（2006年調査における平均得点の下位国）（国立教育政策研究所 2007より作成）

	総合順位	「そうだ」「全くそうだ」の回答割合	
		科学について知識を得ることは楽しい	科学についての問題を解いているときは楽しい
スイス	43	60	42
デンマーク	44	55	37
オーストラリア	45	67	49
イギリス	46	69	53
ドイツ	47	52	38
スウェーデン	48	61	34
スロベニア	49	58	44
スペイン	50	63	27
韓国	51	70	27
アイルランド	52	68	39
オーストリア	53	51	39
リヒテンシュタイン	54	48	38
ポーランド	55	60	37
日本	56	58	29
オランダ	57	56	33
OECD平均		67	43
OECD加盟国数			30
非OECD加盟国数			27
参加数合計			57

※　左の国名は科学の楽しさに対する5項目の総合の順位。その中の2項目を抜粋。

表5　PISA調査　理科学習に対する動機付け（2006年調査における平均得点の下位国）（国立教育政策研究所　2007より作成）

	総合順位	「そうだ」「全くそうだ」の回答割合	
		自分の役にたつと思っているので理科の勉強をしている	理科の勉強は、将来の仕事の可能性を広げてくれるので、やりがいがある
ドイツ	43	66	55
フランス	44	67	61
ルクセンブルク	45	61	54
ノルウェー	46	60	58
スロバキア	47	62	56
ベルギー	48	57	55
フィンランド	49	63	51
オランダ	50	62	56
チェコ	51	62	49
スイス	52	60	49
韓国	53	55	52
リヒテンシュタイン	54	56	44
イスラエル	55	39	38
オーストリア	56	55	47
日本	57	42	41
OECD平均		67	62
OECD加盟国数			30
非OECD加盟国数			27
参加数合計			57

※　左の国名は理科の学習に対する動機付け5項目の 総合の順位。その中の2項目を抜粋。

どれほど真剣に臨んだのかを示すもので、ＯＥＣＤ主要国で最低レベルのスコアである。しかし、学校の成績に含まれるとなるとどの国より努力値が上昇する。つまりこのデータは、日本の一五歳児にとっての学力とは、その知を広げるため、自分の将来に役に立つためのものではなく、内申点に直結するための身近な入試を勝ち抜くためのものとして機能していることを物語っている。

その構造の面白さに触れず、なんの有用性も感じず、さらに目の前の選抜のために手段化された知は、私たちの経験則に頼らなくとも、すぐに使い物にならなくなる一夜漬けの知と同じである。学校で学んでいる知識やスキルが、受験には役に立ってもその後の自らの生き方とは関係ないものであるとするならば、これほど馬鹿げたものはない。かつて日本で小学校の分数の計算もできない大学生の現状（岡部ほか 1999）がマスコミに取り上げられたが、それは今の韓国でも問題視されてきている（『朝鮮日報』2006）。「0.8、13/20、37/50、0.27、85/100」から一番大きい数を選べという小学四年生の問題ができない大学生が一四％、さらに三〇％が中学二年生の一次関数の概念を知らないことが明らかにされた。日中韓の理工学部の大学生の数学・化学の学力の国際比較では、中国が三一・六〜三五・六点、日本が一〇〜四七・四点で、韓国は一・三〜一六点だった。化学においては、三八点と中国・日本の半分の水準に留まったという。日本で大学生が少数ができないことが指摘されたとき、「ゆとり教育」が徹底的に批判されたが、塾や家庭教師によって日本の比べものにならないほど基礎基本が徹底して行われてきている韓国の状況は、とても示唆的である。基礎基本の徹底という名のもとに、学習内容や

表6　PISA調査　どれだけ真剣に取り組んだか（2006年調査における努力値　OECD主要国）（国立教育政策研究所 2007 より作成）

	努力値（10段階）の平均値		
	PISA調査における実際の「努力値」(a)	学校の成績に含まれると仮定した場合の「努力値」(b)	差(b)−(a)
フィンランド	8.37	9.53	1.17
アメリカ	8.17	9.41	1.23
イタリア	7.77	9.36	1.59
ニュージーランド	7.70	9.27	1.56
オランダ	7.67	9.06	1.38
カナダ	7.60	9.36	1.75
アイルランド	7.59	9.29	1.70
韓国	7.53	9.28	1.76
イギリス	7.51	9.44	1.93
オーストラリア	7.46	9.27	1.80
ドイツ	7.44	9.22	1.79
フランス	6.99	8.86	1.86
日本	6.12	8.08	1.96
OECD平均	7.67	9.26	1.61

※調整前の値（2007年9月現在）。OECDの最終報告の数値とは異なる場合がある。

時間を増やしたとしても、その後の生涯にわたる知の基盤となるかは別問題であることを示している。

二〇〇九年には、OECDが大学生を対象とした「高等教育版PISA」を実施する予定である。おそらく、日本においても韓国においても、衝撃的な結果が出るに違いない。その時が、国際順位ばかりに目を奪われ、「基礎基本」か「ゆとり」かの教育議論の中で、本質を見ようとしてこなかった日本の、砂上の学力の姿を目の当たりにする時なのかもしれない。

3 DeSeCoプロジェクト

グローバル化によるポスト産業主義社会への移行にともない、二〇二〇年には製造業にたずさわるOECDの労働者は一〇%から二%に激減する。これを受けて、佐藤は3R'sを「基礎学力」と見る「道具的イデオロギー」のリテラシー教育の存立基盤は完全に崩壊しつつあると述べる(佐藤 2003)。この指摘に呼応するかのように、OECD加盟国は、国際的な学力指標をそれまでのTIMSSからPISAへシフトさせつつある。フィンランド、アイルランド、アイスランド、スイスなど約半分近くの加盟国がTIMSS 2003以降、TIMSSへの参加を見合わせてきている(表7)。逆に、OECDのPISA 2009では、全加盟国に非加盟国を合わせて六四カ国が参加を表明し、TIMSSを超えようとしている。

ＯＥＣＤ加盟国がなぜ二〇〇三年代に入ってＰＩＳＡを重視し始めたのか。それはＰＩＳＡが、ＯＥＣＤが一九九七年から始めた「コンピテンシーの定義と選択」（DeSeCo [Definition and Selection of Competencies]）プロジェクトにおいて国際的に合意された枠組みに基づいているからである。以下、DeSeCo の取り組みと成果をみていきたい。

ＯＥＣＤは、グローバル化にともなう産業構造の変化を迎え、新たな能力指標の研究にとりかかった。これまでは、読み書き計算といった伝統的な技能の習得、各教科の習得が近代の経済や社会における成功に重要な要素であるという広く固定化した考え方があった。しかし、こうしたものが、果たして人間的な発達、社会の進展、政治的な活動、経済的な活動に十分な成果を与えてきたのだろうか。読み・書き・計算するといったこととは別に、他のどのような能力が個人を人生の成功や責任ある人生へと導き、社会を現在と未来の挑戦に対応できるように変えられるのか。各個人の基礎となる重要な能力のいくつかのまとまりを明らかにするための、規範的、理論的、概念的な基礎は何か。こうした関心からＯＥＣＤの指導の下、DeSeCo プロジェクトは開始された（Rychen 2003: 2-3=2006: 24-25）。

一見すると不可能にも思えるこのプロジェクトには、各国の哲学、人類学、心理学、経済学、社会学の学者、教育、労働、健康分野の専門家、大規模テストの専門家、ＯＥＣＤ加盟国の代表者、国際労働機関（ＩＬＯ）、国際人材開発機構（ＩＦＴＤＯ）といった国際組織の代表が参加した。二回の DeSeCo

表7　TIMSSの参加国（OECDの加盟・非加盟別）（IEA TIMSSのHP［http://www.timss.org/］より作成）

	TIMSS1995	TIMSS2003	TIMSS2007
OECD加盟国	オーストラリア	オーストラリア	オーストラリア
	オーストリア		オーストリア
	ベルギー（フランス語圏）		
	ベルギー（ラフマン語圏）	ベルギー（ラフマン語圏）	
	カナダ	カナダ	カナダ
	チェコ	チェコ	チェコ
	デンマーク		デンマーク
	イギリス	イギリス	イギリス
	フランス		
	ギリシャ		
	ハンガリー	ハンガリー	ハンガリー
	アイスランド		
	アイルランド		
	イタリア	イタリア	イタリア
	ドイツ		ドイツ
	日本	日本	日本
	韓国	韓国	韓国
	メキシコ		
	ニュージーランド	ニュージーランド	ニュージーランド
	ノルウェー	ノルウェー	ノルウェー
	オランダ	オランダ	
	ポルトガル		
	スロベキア	スロベキア	
	スコットランド	スコットランド	スコットランド
	スペイン		スペイン
	スウェーデン		スウェーデン
	スイス		
	アメリカ	アメリカ	アメリカ
	28カ国・地域	16カ国・地域	17カ国・地域
OECD非加盟国	22カ国・地域	30カ国・地域	45カ国・地域
計	46カ国・地域	46カ国・地域	62カ国・地域

※ TIMSS1999は、1995の追跡調査という性格から参加国数は少ないため除外した。　なお、フィンランドとトルコはTIMSS1999のみに参加している。

資料3　DeSeCo キー・コンピテンシーの３つの広域カテゴリーと核心としての思慮深さ（OECD,2005 を一部改変）

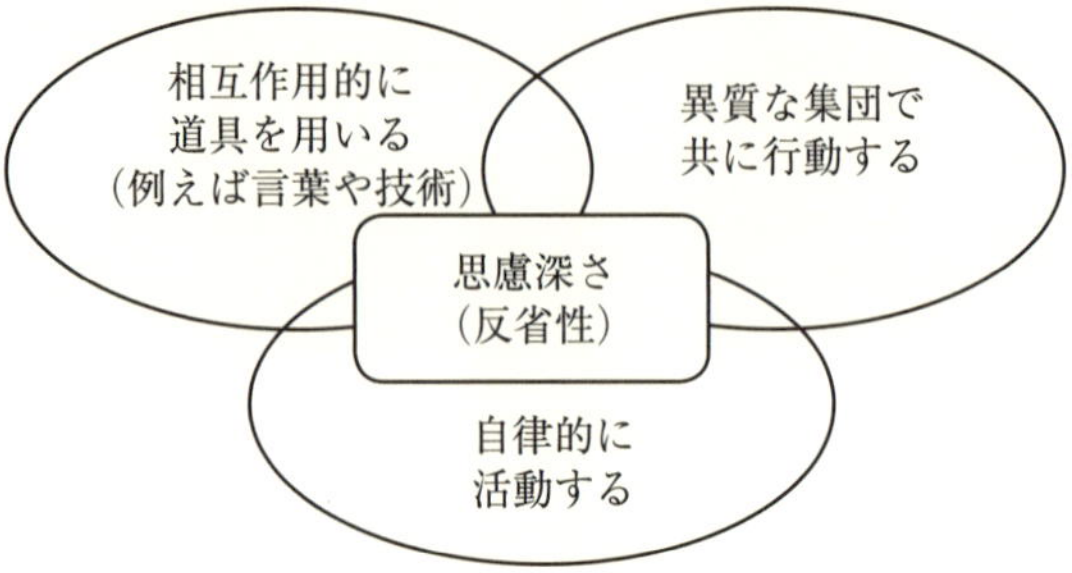

国際シンポジウムを開催しつつ、二〇〇一年には中間報告（Rychen & Salganik 2001）が、二〇〇三年には最終報告が出されている（Rychen & Salganik 2003）[4]。

このDeSeCoプロジェクトでの成果を端的にいえば、困難な作業と合意を重ねながら、概念枠組みの設定に成功したことである。DeSeCoでは、キー・コンピテンシーを三つの広域カテゴリーの中に設定し（**資料3**）、それらの中でキー・コンピテンシーが相互に影響しあうものとして概念化されている。さらにこれらを支える基本部分として、「思慮深さ」（Reflectiveness）がある。思慮深さは、考える者が他者の立場に立つことを要求すると同時に、批判的なスタンスをとることや創造的な活動へと結びつくメタ認知（考えることを考える）を含みこんでいる（OECD 2005: 8-9）。

キー・コンピテンシーをはじめとするすべてのコンピテンシー、リテラシーは、三つの広域カテゴリーの中に位置づけられる（**表8**）。「相互作用的に道具を用いる」カテゴリー1では、「1A　言語、シンボル、テクストを相互作用的に用いる力」、「1B　知識や情報を相互作用的に用いる力」「1C　技術を相互作用的に用いる力」、「異質な集団で共に活動する」カテゴリー2では、「2A　他人といい関係を作る力」「2B　協力する力」「2C　争いを処理し、解決する力」、「自律的に活動する」カテゴリー3では、「3A　大きな展望の中で活動する力」「3B　人生計画や個人的プロジェクトを設定し実行する力」「3C　自らの権利、利害、限界やニーズを表明する力」というキー・コンピテンスが設定されている。このキー・コンピテンスは、日本の教育議論で見られるような「生きる力」「豊かな人間性」といった総花的な能力観や、日常のあらゆる場面で必要な細かな能力の列挙とは異なる。①社会や個人にとって価値のある結果をもたらすこと、②いろいろな状況の重要な課題への適応を助けること、③特定の専門家ではなくすべての個人にとって重要なもの、を前提として選択されたものである（Rychen and Salganik 2001）。

ここで、DeSeCoが述べる「コンピテンシー（Conpetency）」[5]の概念を整理しておきたい。コンピテンシーは、これまでの知っている（知識）、できる（スキル）だけでなく、活用と成果の診断を含みこんだホリスティックな力である。DeSeCoでは、「たんなる知識や技能だけではなく、技能や態度を含むさまざまな心理的・社会的なリソースを活用して、特定の文脈の中で複雑な要求（課題）に対応することができる力」（Rychen and Salganik 2001: 132）、「特定の状況の中で（技や態度を含む）心理社会的な資源を引き出し、活用することによって、より複雑な要求に応じる力」（OECD 2005: 4 = 2007: 201）とされている。この力の基本構造を図にすれば、**資料4**のようになるだろう。DeSeCoのコンピテンシー概念

表8　キー・コンピテンシーと関連するリテラシー（OECD 2005：2006より作成。なお日本語訳に従っていない箇所がある）

3つの広領域カテゴリー	キー・コンピテンシー	関連するコンピテンシー・リテラシー
カテゴリー1 相互作用的に道具を用いる <必要な理由> ・技術を最新のものにし続ける ・自分の目的に道具を合わせる ・世界と活発な対話をする	1A　言語、シンボル、テクストを相互作用的に用いる力	・さまざまな状況において話す書くといった言語的なスキル ・コミュニケーション能力 ・PISA 読解力 ・PISA 数学的リテラシー ・ALL 計算リテラシー
	1B　知識や情報を相互作用的に用いる力	・PISA 科学的リテラシー ・何が分かっていないか知る ・適切な情報源を特定し、位置づけ、アクセスする（サイバーベース含む） ・情報源やその情報の質、適切さ、価値を判断する ・知識と情報を整理する
	1C　技術を相互作用的に用いる力	・メディアリテラシー ・技術の実践への活用
カテゴリー2 異質な集団で共に活動する <必要な理由> ・多元的社会の多様性に対応する ・思いやりの重要性 ・社会的資本の重要性	2A　他人といい関係を作る力	・共感性：他者の観点から状況を想像する ・内省：自分にとって当然なことが、他者に必ずしも共有されていないということへの気づき ・情動と意欲の状態と他者の状態を効果的に読み取る
	2B　協力する力	・自分のアイデアを出し、他者のアイデアを傾聴する力 ・討議の力関係を理解し、基本方針に従うこと ・戦略的もしくは持続可能な協力関係をつくる力 ・交渉する力 ・異なる反対意見を考慮して決定できる包括力
	2C　争いを処理し、解決する力	・異なる立場があることを知り、すべての面から争いの原因と理由を分析する ・合意できる領域と合意できない領域を確認する ・問題を構成する ・進んで妥協できる部分とその条件を決めながら、要求と目標の優先順位をつける
カテゴリー3 自律的に活動する <必要な理由> ・複雑な社会で自分のアイデンティティを実現し、目標を設定する ・権利を行使して責任を取る ・自分の環境を理解してその働きを知る	3A　大きな展望の中で活動する力	・パターンの認識 ・自分たちが存在しているシステムについての見解を持つ（その構造、文化、実践、公式・非公式のルールや期待、役割、文書化されていない社会規範や道徳作法、マナーや慣習を理解する）。 ・自分の行為の直接的・間接的な結果を知る ・個人および共通の規範や目標に照らして起こりうる結果を考えながら、違う道に至る行為から選択を行う
	3B　人生計画や個人的プロジェクトを設定し実行する力	・計画を決め、目標を定める ・自分が利用できる資源と必要な資源を知り、現状を評価する（時間、お金など） ・目標の優先順位を決め、整理する ・多様な目標に照らして必要な資源のバランスを取る ・過去の行いから学び、将来の成果を計画する ・進歩をチェックし、計画の進展に応じて必要な調整を行う
	3C　自らの権利、利害、限界やニーズを表明する力	・選挙などのように自分の利害関心を理解する ・個々のケースの基礎となる文書化された規則や原則を知る ・承認された権利や要求を自分のものとするための根拠を持つ ・処理法や代替的な解決策を指示する

資料４　コンピテンシー（グローバルな学力）の基本構造

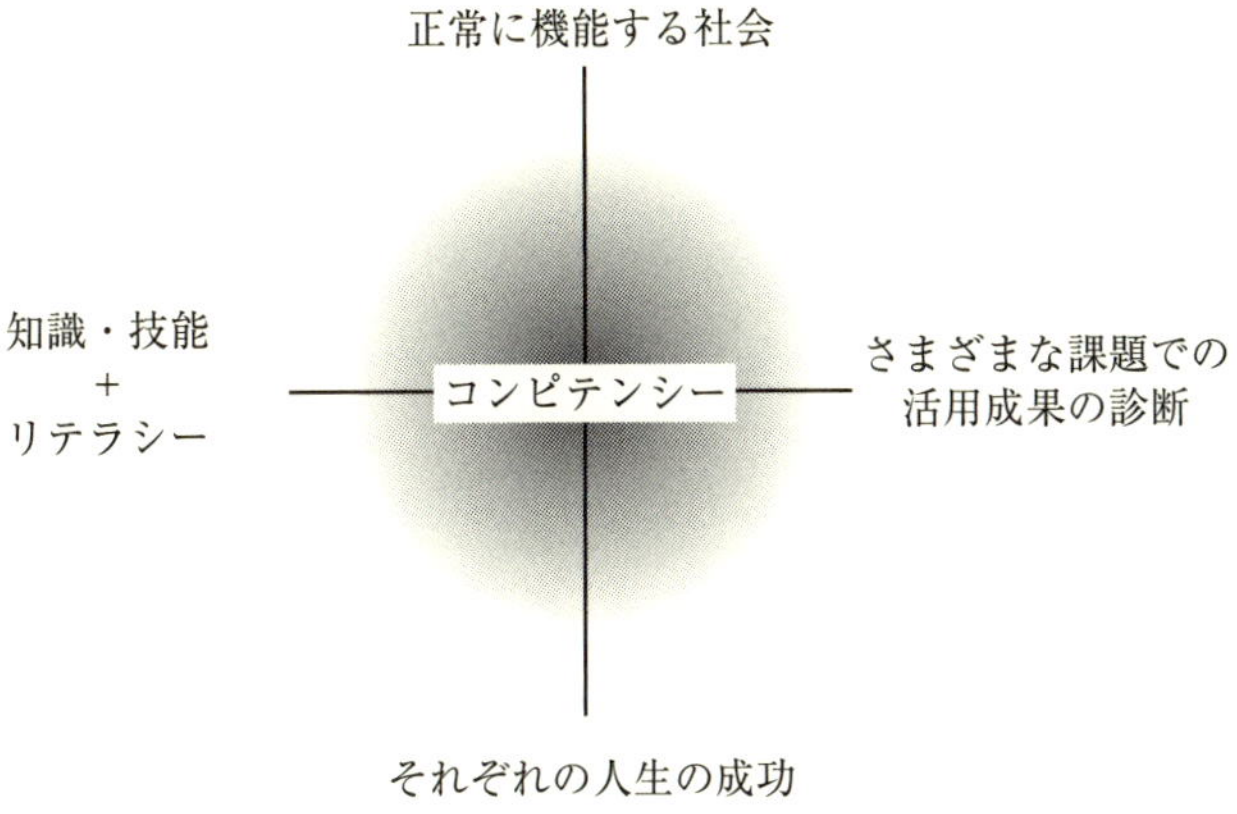

は、まさにグローバル化社会における学力を可視化するものと考えることもできる。

ただし、このコンピテンシーは複雑な性格を持っている。ここでは、二つの点に注意したい。第一にコンピテンシーはそれだけを測ろうとしても直接測れるものではないという点である。さまざまな課題、多数の要求といった、いわば、現実世界との対峙の中でのパフォーマンスを通じてのみ推察できるということである（Oates 2003）。従来の認知的な評価を行ったとしても、それは知識や技能の一部を明らかにするにすぎない。だからこそ、実生活の中でのさまざまな課題への挑戦と、そこから見えてくる成果の診断が必要とされる。ＰＩＳＡの調査においても、コンピテンシーの一部を明らかにするにすぎない。ＰＩＳＡでは、実際のパフォーマンス評価を考慮できないからである。それでもＰＩＳＡはできるだけ実生活からの素材をもとに、言語や知識や情報の相互的な活用の姿をとらえようとしている点は注目すべきである。賛同はするが、とらえにくいものとして、手間のかかる診断作業を行わないならば、もはやコンピテンシーは唱え文句だけに終わってしまうだろう。重要なことは、実生活を通じた活動・素材をもとにしたモニタリングである。

第二に、コンピテンシーが、それぞれの個人と社会の成功のためという視点を持ち合わせている点である。もちろん、双方がWin—Winの関係となることが前提となっているが、同時に「人生の成功」は、グローバル化する社会が競争や効率化を個人に押し付けようとするときの対抗概念となり、また「正常に機能する社会」は、たとえば環境問題のように、私事化、個別化する個人への対抗概念となる。コンピテンシーには、まさに「思慮深さ」という倫理が内包されている点を意識しなければならないだろう。

4 コンテンツからコンピテンシーへ

日本の「子どもに〈生きる力〉と〈ゆとり〉を」をキャッチフレーズに、二〇〇二年から始まった「完全週五日制」の実施、「総合的な学習の時間」の設置は、当時の世界の教育動向をとらえた仕掛けであった。ＰＩＳＡの結果でトップレベルに躍り出たフィンランドが、ＯＥＣＤの中でも最低レベルの授業時数であったこと、週二日近くがゆとり教育で目指したような教科横断的な「総合的な学びの時間」に当てられていることなどから、ゆとりバッシングを前に、それでもゆとり教育は間違っていないと、当時の担当者は反論を加えている（寺脇 2007）。

確かに「生きる力」も「ゆとり」も方向性としては間違っていないのに、なぜうまくいかないのか。その大きな要因は、キー・コンピテンシーの枠組み、さらに教科に囚われないコンピテンシーやリテラシーの設定がなされないまま、理念のみが先行したことにある。「生きる力」というあまりに総花的な誰も批判できない理念だけを立ち上げて、それがいったいどのような力であり、教育現実の中でどのようにして測られるべきなのかということが示されない。いわば海図のないまま船出したようなものである。ＰＩＳＡ 2003 の調査結果を受けて、文部科学省が行おうとしたことは、またもや「パッチワーク的対応」であった。既存の教科中心、コンテンツ中心の学習指導要領はそのままに、読書の時間を増やせ、発表の機会を多くしろ、批判的な読みができるようにしろ、掲示の工夫をしろなど、継ぎ足し継ぎ足しの指導法の勧告であった（文部科学省　2005b; 2005c）。

これまで見てきたように、そもそも、国語、社会、理科といった既存の教科の枠組みの弊害を克服し、新たな知の枠組みを提示するために、DeSeCo プロジェクトがあり、その中にＰＩＳＡのリテラシー定義はある。国語科のための「読解力」であってはいけない、理科のための「問題解決能力」であってはいけないし、社会科だけの「公民的な資質形成」であってはいけないし、算数科だけの「情

資料5　PISAのリテラシーの定義（OECD 2006=2007より）

○科学的リテラシー
疑問を認識し、新しい知識を獲得し、科学的な事象を説明し、科学が関連する諸問題について証拠に基づいた結論を導き出すための科学的知識とその活用、及び科学の特徴的な諸側面を人間の知識と探求の一形態として理解すること
科学と技術（テクノロジー）が私たちの物質的、知的、文化的環境をいかに形作っているかを認識すること
思慮深い一市民として、科学的な考え方を持ち、科学が関連する諸問題に、自ら進んで関わること
○読解力
自らの目標を達成し、自らの知識と可能性を発達させ、効果的に社会に参加するために、書かれたテキストを理解し、利用し、熟考する能力。
○数学的リテラシー
数学が世界で果たす役割を見つけ、理解し、現在及び将来の個人の生活、職業生活、友人や家族や親族との社会生活、建設的で関心をもった思慮深い市民としての生活において確実な数学的な根拠にもとづき判断を行い、数学に携わる力

報操作」であってはいけないのである。日本の学習指導要領からは、教科のコンテンツと教科のための能力、そしてやりすぎなほどの細かな指導法は見えるが、それぞれの教科から学校教育全般を通じて育まれる共通の具体的能力が何も見えてこない。教科の上には、どこに根付くことのない雲のような「生きる力」が漂っているだけである。

資料5に示したように、PISAの定義では、コンテンツについてはほとんど語られていない。むしろ、一市民としてのどう効果的に道具を使うのか、自らの可能性を広げるために建設的にどうかかわるのかが示されていて、キー・コンピテンシーの考えが反映されている。教科を前提とした議論から、なんのための教育なのかという議論を開始すべきである。その際、求めら

れているのは、ひとまず教科の枠組みから離れたところで、キーとなるコンピテンシーを設定し、それに結びつくリテラシーやコンピテンシーを可視化していくことである。そのねらうべきコンピテンシーが打ち立てられて、初めてそれぞれの入り口（教科）からアプローチしていくことが可能となっていくのである。評価可能な構造的なコンピテンシーの策定作業なくしては、授業時数や教育内容の削減は危険な行為とみなされるし、総合的な学習の時間はうまく機能しないのである。

ＯＥＣＤの加盟国の多くは、日本と同じく一九九〇年代後半に教育の転換を行っているが、いくつかの国は筆者が指摘するコンピテンシーの構造化、可視化作業にいち早く取り組んだ。ニュージーランドは一九九八年四つの広範な教育目標を設定し、すべての教科に通じる以下の八つのスキルを設定した。コミュニケーションスキル、数量的思考スキル、情報スキル、問題解決スキル、自己管理と競争的なスキル、社会的で協力的なスキル、身体的スキル、仕事と学習のスキルである（Kelly 2001）。スウェーデンは、評価可能なコンピテンス領域を五つとし、関係の理解、外部の世界に自分自身の道を見いだす力、倫理的決定ができること、民主主義を理解して応用すること、創造的にコミュニケートできることとしている（Skolverket 2001）。

ドイツでは、ＰＩＳＡ2000でのいわゆる「ＰＩＳＡショック」が契機となった。「読解力」二一位、「科学的リテラシー」「数学的リテラシー」がそれぞれ二〇位という結果を受けて、連邦政府の教育・研究大臣、地方の教育担当大臣の発議により、二〇〇一年、一連の「Forum Bildung」（教育フォーラム）が開催された。その年の一一月には今後の教育の方針を決定する最終のガイドラインが提出された。その中では、六つの基本的なコンピテンシーが提案されている。知性のある知識、応用できる知識、学習のコンピテンス、方法的／有用的コンピテンシー、社会的コンピテンシー、価値判断である（Forum Bildung 2001）。

フィンランドは、DeSeCoプロジェクトが始まる前から、OECD加盟国の中でももっとも早く、グローバルな学力形成のための大胆な教育改革を行った国である。一九九四年に重要なコンピテンシーとして「学び方を学ぶこと」「学習に対する意欲」「コミュニケーション・コンピテンシー」をあげ、これらの中にさらにいくつかの要素からなるコンピテンシーが加わっている。その中でもとくに重視されているのが「学び方を学ぶこと」であり、国家教育委員会のプロジェクトとしてこれを評価するための指標づくりが試みられている（渡邊 2005）。フィンランドは、このとき、国の権限を大幅に地方に委譲し、教科書検定の廃止、授業時数の弾力的運用などを行った。国は、枠組みであるコンピテンシーを決めその指標をつくりモニタリングを行う。他方で、コア・コンテンツは分量を三分の一まで減らして、地方や現場にその他のコンテンツや運営方法を委ねたのである。

以上のように、グローバル化する社会、知識基盤社会にあって、教育に何ができるのか、何のための教育かと問われるならば、必然的に教科中心、コンテンツ中心のカリキュラムがその見直しの対象になるはずである。先に見た、多くの国がそのことに気がつき、主要なコンピテンシーとそれに結節するコンピテンシーを明確にする作業にとりかかることから、教育の改革を始めたのである。日本における、「ゆとり」か「基礎・基本」かという議論は、教育内容の増減、教育時間の増減の議論でしかない。これは、教科というコンテンツに軸足があるかぎり、永遠に続く不毛な議論である。コンテンツからコンピテンシーへ。それこそが不毛な議論から抜け出すための、もっとも初歩的な第一歩である。

そして重要な第二歩が策定されたコンピテンシーやリテラシーを測る評価指標の開発である。それは、実際の教育活動での子どもの成果をモニタリングするための具体的な指標づくりである。知識の獲得のみに偏ることなく、社会（実生活）に参加し文脈に応答して情報や知識の相互作用的な使用がどれほど達成されているか測ることが必要なのである。そのためには、実際の活動の中で生きている子どもの姿が可視化されていなければばらない。こうした子どもの姿の提示は評価指標となると同時に、教師の授業構成をも変えていく。具体的な子どもの姿の可視化は、教科内容や教材の制約を受けることなく、目の前の子どもたちにとって最善な道具（文字、図、記号、絵）の提供や体験的で魅力的な授業を可能にしていく。策定されたコンピテンシーやリテラシーは、こうした評価指標をもとに、形成的評価やパフォーマンス評価、子どものポートフォリオ、ペーパーテストなどによって、多角的な診断がなされなければならない。

「学び方を学ぶ」というコンピテンシーを掲げるフィンランドの国語（母語）の授業では、「相互作用

資料６　フィンランドの国語（母語）における小学校第二学年終了時に望まれる成果（渡邊　2007 より）

次のようなことができるように、相互作用スキルを育む
・口語による自己表現に慣れ、また聞き手が話しを追う事ができるように、小集団に対して自分の観察や経験について話すことができる。
・日常的な会話の場において、適切に振舞うことができる：子どもたちは、教員や他の子どもたちとの会話や議論についていき、話すときにはうまくやりとりできるよう努力し、話し合いにおいて聞いたことに対して、自分の考えや疑問をもって反応する。
・集中して表現の練習に参加する。

次のようなことができるように、子どもたちの読む力と書く力を育む
・読書の導入段階から基本的な技術を高める段階へと進む：子どもたちは年齢にふさわしい文章を読むために必要な読解力をもっている。
・読みながら、読んでいることについて理解しているかどうか客観的に考えるようになる：子どもたちは、読んだことから結論を導き出すことができる。
・自分の日常生活において、書く場面に対応できるように、書くことを通じて自己表現することができる：子どもたちは書くことにおいて創造力を働かせることもできる。
・手書きするときには文字をつなぐことができる：また、コンピューターで独自の文章を作成することができる。
・シンプルな単語をよく知っている単語を間違うことなく書くことができ、文章において句読点を使い始めるようになり、文章を大文字から書き始めることができる。

次のようなことができるように、子どもたちと文章や言語の関係性を形づくる。
・自分の好みに合った読み物を探す：自分の読解力を楽しみと情報検索のために用いる。
・自分の読解力に相応しい子ども向けの本を少なくとも２．３冊読む：年齢に相応しいプログラムについていくために十分なメディア・リテラシーを持つ
・言語について年相応の意見を述べることができる：単語の音声上・音節上の構造を理解しようとする：アルファベット順に文字を並べたり、アルファベット順を活用したりすることができる。
・言語やテクストについて話すとき、教わった概念を用いることができる。

スキルを育む」「子どもたちの読む力と書く力を育む」「子どもたちと文章や言語との関係性を形づくる」という教科の三つの目標が、具体的にどんな姿を現しているのか、**資料6**のようなに望まれる姿として示されて、教師による評価に活用されている。

仮に、全国的な学力調査を実施するのであれば[6]、さらなる明確な分析枠組みと能力を定義しなくてはいけないだろう。二〇〇七年に行われた文部科学省の全国学力・学習状況調査の国語や算数のいわゆるB問題は、PISA型が意識されているものの、「活用力」「思考力」という名の下にここにも明確な能力指標がないのが問題である。テストは確かに、コンピテンシーやリテラシーの一側面しか明らかにしないが、だからこそそこで明らかにされている力がいったいなんなのか可視化できなければならない。現場の教師も含めて同じ言語で語れる、さらに細かな能力の定義があってこそ、現場レベルでのPISA型のテスト作成を可能とさせるのである。この問題は算数の思考力の何を測っているかが可視化できなければ、どんな問題が適しているのかを問うことはできなくなってしまうからである。その意味で、いくら診断的テストといっても、点数のみが一人歩きしてしまう結果を招くだろう。PISAの調査問題作成の前提となった評価分野の定義や、それらがどのように試験問題へと反映されているかを示す〈出題の意図〉はとても参考になる（**資料7**、**資料8**）。

最後に能力指標の作成に関連して、重要な点を指摘しておきたい。もしコンピテンシーの構造的な策定のための第一歩、第二歩が進められ、教科の枠組みがゆるくなり、コンピテンシーの育成を目指した魅力ある授業が増えてきたとしても、日本の子どもたちの場合、**表6**に見たように結局は受験に役に立たない授業として放置されかねない。日本や韓国のような教育熱が高く、しかも激しい選抜制度によって上位学校種へ進学を目指す国においては、結局は、入学試験の出題傾向が現実の学校の教育内容や授業の進め方を規定してしまう。多くの良心的(!?)な高校が受験に必要ない世界史を受講させなかったのもそうした理由によるものである。依然として、従来型の入試問題が多くの高校や大学で実施されるのであれば、砂上の学力は信仰され続けるだろうし、またも「詰め込み」vs「ゆとり」の枠のわかりやすい議論の磁場に引き寄せられてしまうだろう。「高等教育版PISA」が実施されようとしている中、大学は入試問題を抜本的に改革する時期に来ているのではないだろうか[7]。

5 結語

日本が「詰め込み(基礎・基本)」か「ゆとり(生きる力)」かの二分法の中で不毛な教育議論を繰り返している間に、世界はグローバル化社会に対応するための教育改革を進めてきている。こうした教育改革は、コンテンツの枠に囚われず、まずコンピテンシーを策定することから始められた。DeSeCoプロジェクトで示されるコンピテンシーは、グローバル化社会において求められる学力が何であるかを私たちに教えてくれている。しかし、日本がこれらのコンピテンシーを「生きる力」といった曖昧な言葉で語ってしまうのであれば、それは何の意味もない。具体的な評価指標として活用できるまで、「生きる力」を構造化しなければならないのである。

ＯＥＣＤがDeSeCoプロジェクトを通じて明らかにしたキー・コンピテンシーは、とくに新しいものではなく、今までにも指摘されてきたものかもしれない。知識、技能の獲得だけでなく、それを応用する力、活用する力が重要であり、知識とか技能はそれぞれの自己実現や社会の発展のために用いられるべきだという議論は、どこの国でもなされてきたものである。ＯＥＣＤの一連のプロジェクトは、それを謳い文句にとどまらせることなく、実際に測ろうと試みたことに大きな意味がある。

コンテンツの呪縛から解かれ、コンピテンシーを策定すること、さらにそれを具体的な評価指標のレベルまで可視化していくことが、まさにグローバル社会における学力を語る大前提である。

（やまうち・のりゆき）

資料7　PISA2006年調査の評価分野の定義（国立教育政策研究所 2007:14　定義は資料5を参照のこと）

	科学リテラシー	読解力	数学的
定義及び その特徴 Definition and its distinctive features	資料5 「科学リテラシー」は、科学的概念の理解と同時に、科学的な見解を適用し、証拠について科学的に考えることのできる能力を求めるものである。	資料5 「読解力」には、読み解いたり文字を理解するだけでなく、読み、解釈・熟考、及び生活における自らの目的を達成するために読みを用いる力が含まれる。 PISA調査では、読むための学習というよりもむしろ学習するための読みに焦点を当てており、生徒は最も基本的な読みについて評価されるわけではない。	資料5 「数学的リテラシー」には、数学をより広範に機能的に用いること、すなわちさまざまな状況において数学の問題を認識し、公式化する能力が含まれる
知識領域 Knowledge domain	「科学の知識」 ・物理的システム ・生命システム ・地球と宇宙のシステム ・テクノロジーのシステム 「科学についての知識」 ・科学的探究 ・科学的説明	テキストの形式 ・「連続型テキスト」－物語、解説、議論などのさまざまな種類の散文 ・「非連続型テキスト」－グラフ、書式、リストなど	数学的領域及び概念に関するまとまり ・量 ・空間と形 ・変化と関係 ・不確実性
関係する能力 Competencies involved	科学的課題またはプロセスのタイプ ・科学的な疑問を認識すること ・現象を科学的に説明すること ・科学的証拠を用いること	読解の課題またはプロセスのタイプ ・情報の取り出し ・テキストの解釈 ・テキストの熟考・評価	数学に必要とされる技能からなる能力クラスター ・再現クラスター（簡単な数学的操作） ・テキストの解釈（直接的な問題を解くためにアイデアを結びつける） ・熟考クラスター（より広い数学的な思考）
状況 Context and situation	個人的、社会的、地球的な状況における用途に焦点を当てた科学の適用領域 ・健康 ・天然資源 ・環境 ・災害 ・科学とテクノロジーのフロンティア	テキストが作成される用途 ・私的な用途（個人的な手紙など） ・公共的な用途（公的文章など） ・職業的な用途（レポートなど） ・教育的な用途（学校に関連する読みなど）	個人的、社会的、地球的な状況における用途に焦点を当てた数学の適用領域 ・私的な用途 ・教育的及び職業的な用途 ・公共的な用途 ・科学的な用途

PISA2006ではPISA 2003の定義を拡張し、「科学の特徴的な諸側面を人間の知識と探求の一形態として理解すること」「科学とテクノロジーが我々の物質的、知的、文化的環境をいかに形作っているかを認識すること」「思慮深い一市民として、科学的な考えを持ち、科学が関連する諸問題に、自ら進んで関わること」という定義か追加された。思慮深さを基底した、DeSeCoの三つのキーコンピテンシーと科学リテラシーの関連性がより深まっている点が注目される。

資料8　読解力の問題（国立教育政策研究所　2001より）

落書き

学校の壁の落書きに頭に来ています。壁から落書きを消して塗り直すのは、今度が4度目だからです。創造力という点では見上げたものだけど、社会に余分や損失を負担させないで、自分を表現する方法を探すべきです。

禁じられている場所に落書きするという、若い人たちの評価を落とすことを、なぜするのでしょう。プロの芸術家は、通りに絵をつるしたりなんかしないで、正式な場所に展示して、金銭的な援助をもとめ、名声を獲得するのではないでしょうか。

わたしの考えでは、建物やフェンス、公園のベンチは、それ自体がすでに芸術作品です。落書きでそうした建築物を台なしにするというのは、ほんとに悲しいことです。それだけではなくて、落書きという手段はオゾン層を破壊します。そうした「芸術作品」は、そのたびに消されてしまうのに、この犯罪的な芸術家たちはなぜ落書きをして困らせるのか、本当に私は理解できません。

ベルガ

十人十色。人の好みなんてさまざまです。世の中はコミュニケーションと広告であふれています。企業のロゴ、お店の看板、通りに面した大きくて目ざわりなポスター。こういうのは許されるのでしょうか。そう、大抵は許されます。では、落書きは許されますか。許せるという人もいれば、許せないという人もいます。

落書きのための代金は誰が払うのでしょう。誰が最後に広告の代金を払うのでしょう。その通り、消費者です。

看板を立てた人は、あなたに許可を求めましたか。求めていません。それでは、落書きをする人は許可を求めなければいけませんか。これは単に、コミュニケーションの問題ではないでしょうか。あなた自身の名前も、非行少年グループの名前も、通りで見かける大きな製作物も、一種のコミュニケーションではないかしら。

数年前に店で見かけた、しま模様やチェックの柄の洋服はどうでしょう。それにスキーウェアも。そうした洋服の模様や色は、花模様が描かれたコンクリートの壁をそっくりそのまま真似たものです。そうした模様や色は受け入れられ、高く評価されているのに、それと同じスタイルの落書きが不愉快とみなされるなんて、笑ってしまいます。

芸術多難の時代です。

ソフィア

2通の手紙は、落書きについての手紙で、インターネットから送られてきたものです。落書きとは、壁など所かまわずに書かれる違法な絵や文章です。この手紙を読んで、問１～４に答えてください。（ここでは問４は掲載せず。なお出題の意図の項目はPISA2007の修正項目に合わせている）

落書きに対する問１

この二つの手紙のそれぞれに共通する目的は、次のうちどれですか。

A　落書きとは何かを説明する。

B　落書きについて意見を述べる。

C　落書きの人気を説明する。

D　落書きを取り除くのにどれほどお金がかかるかを人々に語る。

落書きに対する問２

ソフィアが広告を引き合いに出している理由は何ですか。

出題の意図	
知識領域：議論・説得 関係する能力：解釈 状況：公共	
採点基準	
コード	回答
正答（1点）	
1	落書きと広告を比較していることを理解している。広告は落書きの合法的な一形態という考えに沿って答えている。 または：広告を引き合いに出すことが、落書きを擁護する手段の一つであることを理解している。
誤答／無答（0点）	
0	または：不十分な答えもしくは漠然とした答え 不十分な答えもしくは漠然とした答え
9	無答

落書きに対する問3
あなたは、この2通の手紙のどちらに賛成しますか。片方あるいは両方の手紙の内容に触れながら、自分なりの言葉を使ってあなたの答えを説明してください。

出題の意図 （出題の意図の項目はPISA2007の修正項目に合わせている）	
知識領域：議論・説得 関係する能力：熟考・評価 状況：公共	
採点基準	
コード	回答
正答（1点）	
1	片方または両方の手紙の内容にふれながら意見を述べている。手紙の筆者の主張全般（落書きに賛成か反対か）や意見の詳細を説明していてもよい。手紙の筆者の意見に対して、説得力のある解釈をしていること。課題文の内容を言い換えて説明しているのはよいが、何も変更や追加をせずに課題文全部、または大部分を引用するのは不可。
誤答／無答（0点）	
0	自分の考え方の根拠が、課題文のそのままの引用に終わっている。（「　」で囲ってあってもなくてもよい）
9	無答

【註】

1　経済のグローバル化とともに、世界各国の教育を共通の枠組みに基づいて比較する必要性が認識されるようになり、ＯＥＣＤは一九八八年に国際教育インディケーター（INES：International Indicator of Education System）を開始し、ＯＥＣＤ加盟国をはじめ非加盟国の参加も得て、「生徒の学習到達度調査」（PISA[Programme for International Student Assessment]）の第一回目を二〇〇〇年実施した。その後三年間隔で、二〇〇三年、二〇〇六年と調査が続いている。

2　「生きる力」への批判について、中央教育審議会は「文部科学省と学校関係者や保護者、社会との間に十分な共通理解がなされなかった」（中央教育審議会 2007：17）ためである、としている。

3　国際的にもっとも古く信頼性のあるとされてきた国際学力調査で、第1回目の調査は一九六四年に実施された。その後一九七〇年、一九八三年と実施され、一九九五年からＴＩＭＳＳ（ＴＩＭＳＳ 1995）と称するようになった。特徴は、中学校二年生と同じ年齢層を対象に、各国に共通する科学の知識、計算力を問うものである。四年周期で実施され、一九九九年、二〇〇三年、二〇〇七年に実施されている。日本は、一九九五年、一九九九年、二〇〇三年のいずれにおいても、理科、数学とも上位五位以内と安定してトップを維持している。

4　ＰＩＳＡ 2000は、本来ならばDeSeCoの最終報告をまって実施されるべきであったが、先行的に実施された。しかし、DeSeCoプロジェクトの研究過程の成果が十分に反映されている。

5　コンピテンシーの概念は、ビジネス、臨床心理学、司法などさまざまな分野でさまざまに用いられている（古川 2003）。もともとの提唱は、ハーバード大学のＤ・Ｃ・マクレランド教授たちのグループが、米国務省から「学歴や知能レベルが同等の外交官が、なぜ開発途上国駐在期間に業績格差がつくのか」という調査・研究の依頼を受け、「業績の高さと学歴や知能はさほど比例することなく、高業績者にはいくつか共通の行動特性がある」と回答したのが始まりであるとされている。この調査結果では、「異文化に対する感受性が強く、環境に対応する力が高い」「どんな相手に対しても人間性を尊重する」など、見える「スキル・知識・態度」とは別の見えない「動機・価値観・行動特性・使命感」が大きく影響するとされた（本寺 2000）。

6　学力調査については是非があるが、それが競争のためでなく、モニタリングのためであるならば、積極的に活用すべきである。親の自由選択と学校の自己責任のもとに学力テストによって学校序列化を行ってきたイギリスは、ＰＩＳＡやＴＩＭＳＳいずれも大きく国際順位をおとし、教師たちは評価されることに疲弊してしまっているとされている（福田 2007）。日本の現在の教育評価事業のモデルであったイギリスの教育の混迷は、重要な示唆を与えてくれる。では、イギリスのように統一テストがあると学力が低下し、フィンランドのようにテストがないと学力が世界一になるかといえば、そうではない。フィンランドでも、多岐にわたる教育評価活動の一つとして学力テストが実施されている（吉田 2007）。国が定めた教育の達成度を評価すると同時に、性別、地域、階層による学力の格差を是正するためである。競争のためでない、子どもの学習状況を把握し改善へとつながるような　子どものグローバルな力を正当に評価できる学力テストの実施は行われるべきである。

7　一部で入学試験が変わりつつある。ＰＩＳＡ型を意識した問題づくりの試行が始まっているのである。一部の私立中学の入試問題や、公立の中高一貫校では、知識量や計算力では解けない問題が出題され、ＰＩＳＡ型に類似した問題がつくられ始めている（岡部 2007）。二〇〇四年には千葉県の公立高校の入試問題で、地図が与えられ「おじいさんに道案内しなさい」という問題が出題された。ちなみに約半数の生徒が答えられなかったとされる。

【文献】

岡部憲治 2007『世界標準の読解力：OECD-PISA メソッドに学べ』白日社。
岡部恒治・戸瀬信之・西村和雄編　1999『分数ができない大学生：21世紀の日本が危ない』東洋経済新報社。
苅谷剛彦 2002『教育改革の幻想』ちくま新書。
教育再生会議 2008『社会総がかりで教育再生を・最終報告：教育再生の実効性の担保のために』。
[http://www.kantei.go.jp/jp/singi/kyouiku/houkoku/honbun0131.pdf]

国立教育政策研究所編 2001『生きるための知識と技能：ＯＥＣＤ生徒の学習到達度調査（PISA）２０００年調査国際結果報告書』ぎょうせい。
国立教育政策研究所編 2004『生きるための知識と技能２：ＯＥＣＤ生徒の学習到達度調査（PISA）２００３年調査国際結果報告書』ぎょうせい。
国立教育政策研究所編 2005『TIMSS 2003 理科教育の国際比較：国際数学・理科教育動向調査の２００３年調査報告』ぎょうせい。
国立教育政策研究所編 2007『生きるための知識と技能３：ＯＥＣＤ生徒の学習到達度調査（PISA）２００６年調査国際結果報告書』ぎょうせい。
佐藤学 2003「リテラシー概念とその再定義」『教育学研究』70（3）: 2 - 11.
中央教育審議会 2008『幼稚園、小学校、中学校、高等学校及び特別支援学校の学習指導要領等の改善について（答申）』。[http://www.kantei.go.jp/jp/singi/kyouiku/houkoku/honbun0131.pdf]
中央教育審議会 初等中等教育分科会 教育課程部会 2007『教育課程部会におけるこれまでの審議のまとめ』。[http://www.shinko-keirin.co.jp/koutou/pdf/shingi_002.pdf]
『朝鮮日報』 2006「社説 小学生にも劣る大学生を量産している韓国の教育」二〇〇六年九月二六日版。[http://www.chosunonline.com/article/20060926000020]
寺脇研 2007『それでも、ゆとり教育は間違っていない』扶桑社。
福田誠治 2007『競争しても学力行き止まり：イギリス教育の失敗とフィンランドの成功』朝日新聞社。
古川久敬 2002『コンピテンシーラーニング――業績向上につながる能力開発の新指標』日本能率協会マネジメントセンター。
本寺大志 2000『コンピテンシー・マネジメント』日本経団連出版。
『毎日新聞』 2008「国際学力テスト：大学生にも学習調査 ＯＥＣＤ導入へ 研究実施で合意」二〇〇八年一月一三日

版。[http://mainichi.jp/life/edu/archive/news/2008/01/20080113ddm002100040000c.html]
森慶一　2008　「『受検』は受験より難しい」『AERA』5.
文部科学省　2005a『TIMSS 調査（算数・数学）の問題例』。
[http://www.ocec.ne.jp/linksyu/pisatimss/sannsusugaku.pdf]
文部科学省　2005b　『小学校理科・中学校理科・高等学校理科指導資料：PISA2003（科学的リテラシー）及び TIMSS2003（理科）結果の分析と指導改善の方向』。
[http://www.mext.go.jp/a_menu/shotou/gakuryoku/siryo/05071301.htm]
文部科学省　2005c『読解力向上に関する指導資料：PISA 調査（読解力）の結果分析と改善の方向』。
[http://www.mext.go.jp/a_menu/shotou/gakuryoku/siryo/05122201.htm]
『読売新聞』2007「日本、数学応用力が10位　読解力は15位に」二〇〇七年一二月五日版。
[http://www.yomiuri.co.jp/kyoiku/news/20071205ur05.htm]
吉田多美子　2007　「フィンランド及びイギリスにおける義務教育の評価制度の比較」国立国会図書館及び立法考査局『レファレンス』　95-109.
渡邊あや　2005　「フィンランド」国立教育政策研究所『[科等の構成と開発に関する調査研究] 研究成果報告書（24）国語語系教科のカリキュラムの改善に関する研究：諸外国の動向（2）』29-64.
Forum Bildung, 2001 Expertenberichte Des Forum Bildung III.
[http://www.bmbf.de/pub/expertenberichte_des_forum_bildung.pdf]
Kelly,F. 2001 *Definition and Selection of Key Competencies in New Zealand*. Organization for Economic Co-operation and Development（OECD）
[http://www.portal-stat.admin.ch/deseco/sfso_deseco_ccp_newzealand_19122001.pdf]
Oates, T. 2003 "Key skills/key competencies: Avoiding the pitfall of current initiatives." Rychen, D.S., Salganik, L.H. and

McLaughlin, M.E.(eds.), *Selected Contribution to the 2nd DeSeCo Symposium.* Switzerland: Swiss Federal Statistical Office.

OECD 2006a *Assessing Scientific : Reading and Mathematical Literacy : A Framework for PISA 2006*. Paris: OECD Publishing. = 2007 国立教育政策研究所監訳『PISA 2006 年調査　評価の枠組み：ＯＥＣＤ生徒の学習到達度調査』ぎょうせい。

OECD 2006b *Education at a Glance : OECD Indicateurs* - 2006 edition, Organization for Economic Co-operation and Development（OECD）.= 2006『図表でみる教育：ＯＥＣＤインディケーター（２００６年版）』明石書店。

Organization for Economic Co-operation and Development（OECD）2005 *Definition and Selection of Key Competencies: Executive Summary.* [http://www.oecd.org/dataoecd/47/61/35070367.pdf] =2006 立田慶裕監訳『キー・コンピテンシー：国際標準の学力をめざして』明石書店 二〇〇—二〇八頁。

Rychen, D.S. & Salganik, L.H.（eds.）2003 *Key Competencies for a Successful Life and a Well-Functioning Society*. Hogrefe & Huber Pub = 2006 立田慶裕監訳『キー・コンピテンシー：国際標準の学力をめざして』明石書店

Rychen, D.S. and Salganik, L.H.（eds.）, *2001 Defining and Selecting Key Competencies*. Germany:Hogrefe & Huber.

Skolverket 2001 *Definition and Selection of Key Competencies in Sweden*. Organization for Economic Co-operation and Development（OECD）.

・執筆者紹介（執筆順）

田中智志　Tanaka Satoshi　山梨学院大学教授／附属小学校校長
1958年生、早稲田大学大学院文学研究科満期退学、博士（教育学）東京大学。

佐藤　学　Sato Manabu　東京大学大学院教育学研究科教授
1951年生、東京大学大学院教育学研究科修了、教育学博士（東京大学）。

矢野智司　Yano Satoji　京都大学大学院教育学研究科教授
1954年生、京都大学大学院教育学研究科修了、博士（教育学）京都大学。

今井康雄　Imai Yasuo　東京大学大学院教育学研究科准教授
1955年生、広島大学大学院教育学研究科修了、博士（教育学）広島大学。

山名　淳　Yamana Jun　東京学芸大学准教授
1963年生、広島大学大学院教育学研究科修了、博士（教育学）広島大学。

上原秀一　Uehara Shuuichi　宇都宮大学准教授
1969年生、東京学芸大学連合大学院学校教育学研究科単位取得退学。

山内紀幸　Yamauchi Noriyuki　山梨学院短期大学教授／附属小学校校長補佐
1972年生、広島大学大学院教育学研究科修了、博士（教育学）広島大学。

グローバルな学びへ　――協同と刷新の教育――

2008年6月20日　初　版第1刷発行

〔検印省略〕

＊定価はカバーに表示してあります

編著者 © 田中智志／発行者　下田勝司　　印刷・製本　中央精版印刷

東京都文京区向丘1-20-6　郵便振替 00110-6-37828

〒113-0023　TEL(03)3818-5521㈹　FAX(03)3818-5514

Published by TOSHINDO PUBLISHING CO.,LTD

1-20-6, Mukougaoka, Bunkyo-ku, Tokyo, 113-0023, Japan

E-mail : tk203444@fsinet.or.jp

ISBN978-4-88713-848-3 C3037　© S.Tanaka

臨床教育人間学2　リフレクション　目次――臨床教育人間学会編

二〇〇七年九月刊　本体二二〇〇円

東信堂

〒一一三―〇〇二三　東京都文京区向丘一―二〇―六
TEL　〇三―三八一八―五五二一

東信堂

責任という原理—科学技術文明のための倫理学の試み	H・ヨナス　加藤尚武監訳	四八〇〇円
主観性の復権—心身問題から「責任という原理」へ	H・ヨナス　宇佐美・滝口訳	二〇〇〇円
テクノシステム時代の人間の責任と良心	H・レンク　山本・盛永訳	三五〇〇円
空間と身体—新しい哲学への出発	桑子敏雄	二五〇〇円
環境と国土の価値構造	桑子敏雄編	三五〇〇円
森と建築の空間史—南方熊楠と近代日本	千田智子	四三八一円
感性哲学1〜7	日本感性工学会感性哲学部会編	一六〇〇〜二〇〇〇円
メルロ＝ポンティとレヴィナス—他者への覚醒	屋良朝彦	三八〇〇円
堕天使の倫理—スピノザとサド	佐藤拓司	二八〇〇円
〈現われ〉とその秩序—メーヌ・ド・ビラン研究	村松正隆	三八〇〇円
省みることの哲学—ジャン・ナベール研究	越門勝彦	三二〇〇円
精神科医島崎敏樹—人間の学の誕生	井原裕	二六〇〇円
バイオエシックス入門（第三版）	今井道夫・香川知晶編	二三八一円
バイオエシックスの展望	坂井昭宏・松岡悦子編著	三二〇〇円
動物実験の生命倫理—個体倫理から分子倫理へ	大上泰弘	四〇〇〇円
生命の神聖性説批判	H・クーゼ　訳者代表 飯田亘之	四六〇〇円
カンデライオ（ジョルダーノ・ブルーノ著作集 1巻）	加藤守通訳	三二〇〇円
原因・原理・一者について（ジョルダーノ・ブルーノ著作集 3巻）	加藤守通訳	三二〇〇円
英雄的狂気（ジョルダーノ・ブルーノ著作集 7巻）	加藤守通訳	三六〇〇円
ロバのカバラ—ジョルダーノ・ブルーノにおける文学と哲学	N・オルディネ　加藤守通訳	三六〇〇円
食を料理する—哲学的考察	松永澄夫	二〇〇〇円
言葉の力（音の経験・言葉の力第I部）	松永澄夫	二五〇〇円
音の経験（音の経験・言葉の力第II部）—言葉はどのようにして可能となるのか	松永澄夫	二八〇〇円
環境　安全という価値は…	松永澄夫編	二〇〇〇円
環境　設計の思想	松永澄夫編	二三〇〇円
環境　文化と政策	松永澄夫編	二三〇〇円

〒113-0023　東京都文京区向丘 1-20-6　TEL 03-3818-5521　FAX03-3818-5514　振替 00110-6-37828
Email tk203444@fsinet.or.jp　URL:http://www.toshindo-pub.com/

※定価：表示価格（本体）＋税

東信堂

【世界美術双書】

- バルビゾン派　井出洋一郎　二〇〇〇円
- キリスト教シンボル図典　中森義宗　二三〇〇円
- パルテノンとギリシア陶器　関隆志　二三〇〇円
- 中国の版画―唐代から清代まで　小林宏光　二三〇〇円
- 象徴主義―モダニズムへの警鐘　中村隆夫　二三〇〇円
- 中国の仏教美術―後漢代から元代まで　久野美樹　二三〇〇円
- セザンヌとその時代　浅野春男　二三〇〇円
- 日本の南画　武田光一　二三〇〇円
- 画家とふるさと　小林忠　二三〇〇円
- ドイツの国民記念碑―一八一三年―一九一三年　大原まゆみ　二三〇〇円
- 日本・アジア美術探索　永井信一　二三〇〇円
- インド、チョーラ朝の美術　袋井由布子　二三〇〇円
- 古代ギリシアのブロンズ彫刻　羽田康一　二三〇〇円

【芸術学叢書】

- 芸術理論の現在―モダニズムから　藤枝晃雄・谷川渥編著　三八〇〇円
- 絵画論を超えて　尾崎信一郎　四六〇〇円
- 幻影としての空間―図学からみた東西の絵画　小山清男　三七〇〇円

- 美術史の辞典　P・デューロ他　中森義宗・清水忠訳　三六〇〇円
- 図像の世界―時・空を超えて　中森義宗　二五〇〇円
- バロックの魅力　小穴晶子編　二六〇〇円
- 新版 ジャクソン・ポロック　藤枝晃雄　二六〇〇円
- 美学と現代美術の距離―アメリカにおけるその乖離と接近をめぐって　金悠美　三八〇〇円
- ロジャー・フライの批評理論―知性と感受性の間で　要真理子　四二〇〇円
- レオノール・フィニ―境界を侵犯する新しい種　尾形希和子　二八〇〇円
- イタリア・ルネサンス事典　J・R・ヘイル編　中森義宗監訳　七八〇〇円
- キリスト教美術・建築事典　P・マレー／L・マレー　中森義宗監訳　続刊
- 芸術／批評　0～3号　藤枝晃雄責任編集　一六〇〇～二〇〇〇円

〒113-0023　東京都文京区向丘 1-20-6　TEL 03-3818-5521　FAX03-3818-5514　振替 00110-6-37828
Email tk203444@fsinet.or.jp　URL:http://www.toshindo-pub.com/

※定価：表示価格（本体）＋税